王道楽土・満洲国の「罪と罰」

帝国の凋落と崩壊のさなかに

松岡 將

同時代社

旧満洲国概略図（中国東北部）

本書掲載写真一覧

王道楽土・満洲国の「罪と罰」／目次

序　章　なぜ興農合作社・満鉄調査部事件か

（一）わがふるさと満洲国の呼ぶ声

知的関心と心的情緒の基本が形成されるといわれる小学生時代、私は、大連に一年、旧満洲国の首都新京（現 長春）に四年、計五年の旧満洲大陸生活を送った。

日本の神戸港を出て玄界灘をこえ、満洲大陸の入り口、大連港に着いたのは、時あたかも、第二次世界大戦下にあって、ドイツ、ソ連の両国の史上空前の規模の交戦兵力、独は三百万余、ソは三百万弱、のバルバロッサ作戦が開始された昭和十六（一九四一）年六月二十二日前後のこと。その年の四月から、全国一斉に小学校が国民学校に変わったばかりの、私が「国民学校一年生」になりたての頃のことであった。

バルバロッサ作戦とは、ポーランド東西分割線からのドイツ軍機甲化軍団によるソ連邦奇襲攻撃作戦のことで、以後四ヶ年に亘っての激烈を極めた独ソ戦の端緒となったもの。この独ソ戦の開始によって、昭和十四年九月、独ソ両国のポーランド分割を契機として始まった西ヨーロッパにおける戦争が、ユーラシア大陸の西方一帯に広がることとなった。それにとどまらず、バルバロッサ作戦によるドイツ軍機甲化軍団の破竹の進撃は、日本にあっても、国策としての軍事的進出の方向性に関して、北進か南進かの論議を巻き起こし、同年の七月から八月にかけては、陸続きで長大な国境線でソ連と対峙する満洲にあって、北進論に関連しての「関東軍特種演習」と称される一大動員が行われ、満洲に駐留する関東軍の兵力は、七十万余まで一挙に増強されたのだった。

だが、秋の訪れとともに北進論はいつしか沙汰止みとなって、日米交渉が不調のままに、独ソ戦開始から半年近くたった十二月八日、今度は日本が、米、英、蘭に対して宣戦を布告しての太平洋戦争が始まり、かくして、戦争は、文字通りの「第二次世界大戦」となっていった。

第二次世界大戦下にあっての、昭和十六年六月の渡満以来、当初の四年間の私の満洲大陸生活は、周囲に次第に戦時色が強まっていったとはいうものの、満洲から陸続きのユーラシア大陸のはるか西の彼方、独ソ両国間で死闘が繰り広げられていたという、まさにそのことゆえに、まずは平穏な日々であった。

満洲国の破局は、突然にやってきた。昭和十六（一九四一）年六月二十二日以来四年に亘った独ソ戦が、昭和二十年五月八日、ドイツの無条件降伏により終結してようやくヨーロッパに平和が戻って丁度三ヶ月を経ての同年八月八日、ソ連は、突如、日ソ中立條約を破棄して対日参戦を布告。翌九日午前零時、戦車部隊を先頭とする百七十万余のソ連軍の満洲一斉侵攻が開始された。次いで、八月十五日、日本国天皇の終戦の詔勅（日本国の無條件降伏）の玉音放送が行われ、大日本帝国陸海軍の戦闘行為は、満洲国にあっての対ソ連のそれをも含めて、事実上終結した。

昭和七年九月十五日に、日本国と満洲国との間で締結された「日満議定書」および関係往復文書により、満洲国の防衛に当たるため「所要ノ日本国軍ハ満洲国内ニ駐屯スルモノトス」とされ、また、「弊（満洲）国ハ今後ノ国防及治安維持ヲ貴（日本）国ニ委託シ」としていた満洲国の皇帝溥儀は、昭和二十年八月十八日未明、関東軍により指示された首都新京からの緊急避難先、鮮満国境の寒村、大栗子にて、満洲国皇帝退位宣言を行い、昭和七年三月一日のその建国以来十三年半に亘って存続した満洲国は、ここに崩壊・消滅したのだった。これらは、ソ連の対日参戦布告から、僅か十日間の出来事だった。

以後、翌年夏の日本に引き揚げるまでの私の一年間の満洲大陸生活は、明日をも知れず、頼るべき何ものもない、ソ連軍占領下の文字通り無政府状態的惨状、骨身にしみる満洲の厳冬、国民党・共産党両軍の二度に亘る激しい長春市街戦、致死率八割といわれた悪疫コレラの蔓延などなど。それらは、私の脳裏と身体にしみ込んで、終生忘じがたきものとなった。

そのためか、戦後一年にして、私にとってはすでに異境となっていた日本に何とか引き揚げてきた私の中には、このような平穏・混乱両様の「満洲大陸」が、好きとか嫌いとかではなく住み着いていて、何かにつけてそれが頭をもたげるのだった。たしかに、引揚げ後の戦後の日本での暮らしにあって、平穏・混乱の五年の歳月を過ごした「満洲大陸」こそ、私にとってのふるさとであり、そしてそれは、半世紀余にわたって、世によくいわれる「遠くにありて思ふもの」（室生犀星）でありつづけた。

だが、還暦も過ぎて暫くして、わが人生、残された年月がそう長いとも思われなくなってくると、やはりふるさとを、「遠くにありて思ふ」だけでは済まされなくなってきた。つまりは、良きにつけ悪しきにつけ我が心底に長らく眠ったままだったふるさとと再見願望が頭を持ち上げてきて、それを抑えることができなくなってきたのだった。

とある機会を捉えて、やっと再見を果たした長春。そこはたしかに、平穏・混乱両様のわが「満洲大陸生活」の回想の宝庫だった。半世紀をはるかに超えて、すっかり変わった街並みの中、当時の新京地図を頼りに、やっと探し当てたわが家のあとに再び佇んだ私には、そこでの数年間の人並みの平穏な家族生活の種々相や今はなき家族一人一人が、ありありと浮かんできて、何の屈託もなくのびのびと生きていたわが良き少年時代を、私に語りかけるのだった。

だが、それとともに、敗戦直後の昭和二十年九月末のこと、ソ連軍の占領下、逮捕、致死傷、襲撃、掠奪、強姦など何でもあり、そして満洲奥地からの疲労困憊・空腹の極、着の身着の儘の日本人難民の流入が続く長春で、子供ながらの生計費稼ぎ――ソ連兵相手の靴磨き、タバコ・ひまわりの種売りなど――からわが家に帰ったばかりの私の目に映じた、それが永遠の別れとなった、三人のソ連官憲に連行されていく父二十世《はたよ》の姿も、そこにはあった。父はシベリア送りとなったらしい、と云った風《かぜ》の便りを聞きつつ、残る家族は混乱の中をなんとか内地に引き揚げてきて、日本での暮しが始まったが、昭和二十年九月に別れた父からの消息は以後全くなく、再会の希望は次第次第に薄れていった。

一九〇一年、二十世紀の最初の年に生まれたために祖父から「二十世《はたよ》」と名付けられた父の一生は、大正、昭和初期に青年、壮年期を過ごした知識人の一典型だった。宮城県登米町出身。仙台の旧制二高から進学した東京帝大で新人会に所属し、大学院を経て北海道で農民運動に挺身。昭和三年三月十五日に生起した三・一五事件にあって、治安維持法違反として検挙、起訴。極寒の網走監獄で懲役三年の刑に服したのち、再び北海道農民運動戦線に戻り、以後、文字通り苦難の七年の歳月を旭川で送った。しかしながら、昭和十二年七月七日の日中戦争開始に引き続く北海道農民運動の完全衰退もあって、昭和十四年に入って旭川から東京に転居。同年末には労働問題の専門家として請われて関東州労務協会調査部長へ就任のため大連に渡り、その後家族を呼び寄せ、更に戦時中は、満洲国の首都新京在の満洲帝国協和会や満洲映画協会に在籍していたのだった。

社会改革の理想に燃えた彼の人生は、反面、家族には苦労のかけ通しでもあった。三・一五事件による検挙・起訴・投獄以前から父と人生をともにしていた母は、父と別れて引き揚げてきた戦後の日本で、厳しい生活の困苦に耐えつつ我々を育ててくれたが、戦後十一年たって、抑留先のシベリアでの父の死亡を伝える一枚の公式の通知が舞い込んだ。だが、母は、この通知にもかかわらず、その死まで、父との再会を諦めることはなかった。

その父は、一体何のために生き、その人生の軌跡は、父母・兄弟姉妹、そして妻や子に与えたところの人生の痛み・苦しみに本当に値したのだろうか。

前述の長春再訪が契機となって、私は、七十路を前に社会的な活動から一切身を引き、長きに亘るこの疑問を解くべく、「親父探索・発掘」の旅路に向かった。数次の北海道や満洲、そしてシベリアなどの現地訪問や図書館での資料探しの毎日毎日がそれだった。そして、父の足跡を追って十年近く、ようやく、『松岡二十世とその時代――北海道、満洲、そしてシベリア（註）』という一冊を纏め、貧困と苦難の生活の中で、私を生み育ててくれた父母への、子としての責務をようやく果たし得たのだった。それは、内容的には、個人史を通じての昭和現代史でもあった。

このように自分の父親の人生行路の詳細を、時系列とともに、また場所とともに、探索を進めていた私は、この一冊を書き上げる間に、私自身のふるさと満洲国に関連しても、幸いにして多くの知見と資料を集積することができたのだった。それらは、満洲国にあって私自身がその中に生きた、時代の流れの中の、人物であり、組織であり、また事件などなど。そしてそれらは私の中で絡み合い折り重なって、次第に、私がそれに応えずにはおられない、ふるさとが私を呼ぶ声となっていった。

父母への責務を果たした私にとっての次なる課題は、このふるさとが私を呼ぶ声に応え、自分自身がそこで生きた証《あかし》として、何らかの主題の下に、ふるさとの時代の流れを、次の世代に書き残しておこうということであった。

（註）日本経済評論社・二〇一三年八月刊・A5判八四六頁

（二）戦時体制期の満洲国を物語るものとしての興農合作社・満鉄調査部事件

清朝最後の皇帝宣統帝愛新覚羅溥儀が執政となって、昭和七年三月一日、日本国の主導のもとに建国した満洲国は、前述のように昭和二十年八月十八日、皇帝溥儀の満洲国皇帝退位宣言により十三年半の「国」としての短い歴史を閉じた。

この十三年半の満洲国の存続期間を、敢えて時期的に区分するとすれば、それらは、建国時から昭和九年三月一日の帝制移行を経て、昭和十二年十一月の「満洲国ニ於ケル治外法権ノ撤廃及南満洲鉄道附属地行政権ノ委譲ニ関スル日本国満洲国間條約」の締結までの「建国期」、次いで昭和十三年から昭和十五年七月の建国神廟建設・祭祀府設置による「日満一体化」が始まるまでの短い「興隆期」、そして、「日満一体化」が始まってから満洲国の崩壊に至るまでの「戦時体制期」の三時期である。

私のふるさと満洲国は、丁度この「戦時体制期」のものなのだが、実は、この頃の満洲国を語る主題として、もっとも相応しいと思われる「事件」が、そこにはあった。それこそが、興農合作社・満鉄調査部事件であり、逆にこの事件の展開過程を詳細に叙述することによって、「戦時体制期」の満洲国の権力構造やその消長などを描き出せると思われたのであった。

よく知られているように、日本にあっては、昭和の初期から終戦時まで、その変革企図を不可とする「國體」概念を中核とした「治安維持法」が、反体制派の鎮圧に猛威を振るったのだったが、満洲国にあっては、前述のように昭和十五年七月の建国神廟創建・祭祀府設置による「日満一体化」により、「日本の國體＝満洲の國體」となって、ついでそれが、昭和十六年十二月二十七日制定・公布・施行の「(満洲国)治安維持法」に法制化され、興農合作社・満鉄調査部事件の関係者の断罪に適用されたのだった。

興農合作社・満鉄調査部事件を時系列的に見ると、先行する興農合作社事件にあって、関東憲兵隊による関係者についての内偵が開始されたのが、たまたま、この「日満一体化」が始まった昭和十五年七月であり、同事件に引き続く満鉄調査部事件にあって、満洲国新京高等法院における関係者への最終判決が下されたのは、五年近くを経て、第二次世界大戦の最終段階、ドイツの無條件降伏によりヨーロッパに平和が回復した昭和二十年五月。満洲国の崩壊のわずかに三ヶ月前のことであった。また、この連続する二つの「事件」に関連する組織・機関としては、「満洲国ノ国防及治安維持ヲ委託」された日本国軍(関東軍、関東憲兵隊)、満洲国政府機関(特に司法関係機関)、準政府機関である満洲帝国協和会、そして南満洲鉄道株式会社(満鉄)、更には、いわば日本の農協に相当する興農合作社などなどと多彩であったことも加わって、この事件は、「戦時体制期」の満洲国の申し子の如くでもあった。

更に、満洲国にあって、社会の指導的な立場にある人たちの殆どが日本人であり、前掲の組織・機関に所属する人たちもその例外でなかったから、興農合作社・満鉄調査部事件は、満洲国という「場」にあっての、あたかも拡大鏡を通しての、人間関係を含めての日本社会そのものの如くであった。かくして、この事件全体の軌跡をつぶさに見るとき、そこには、日本社会を構成する組織に内在する病根——指導者の大局観の欠如と見通しの悪さ、他組織との権限・功名争い、組織の閉鎖性とその利害や面子優先、組織内の出世主義と派閥抗争、精神主義優先、一旦動き出すと止められない習性、そして、指導者の意向の過度な忖度などなど——が読み取られ、七十年余を過ぎた今日にあってもなお、われわれが汲み取るべき多くの教訓を内包しているように思えてくるのだ。

（三）興農合作社・満鉄調査部事件の理解のために

そこで、まず最初に、興農合作社・満鉄調査部事件に関連する、今日では普段聞き慣れない組織などについて、この際簡単に説明しておくこととしよう。

興農合作社

満洲国といえば、ウクライナを丁度縦に二つ重ねたような広さ。そしてその当時の総人口は、現在のウクライナと同程度の四千万人。興農合作社は、当時の満洲国の総人口の九割が従事、居住する農業・農村の振興を図るべく、興農合作社事件の一斉検挙の前年、昭和十五年三月制定の興農合作社法に基づき、従来から存していた「金融合作社」と「農事合作社」を合体するものとして、地域的には県（＝郡）を単位として設立されており、満洲国政府としても、積極的にその設立推進を図っていた。興農合作社の上部機構としては、省（＝県）を単位として省聯合会があり、さらに省聯合会の上部機構として、興農合作社中央会があるなど、それはあたかも、わが国の農協組織を彷彿させるものであった。なお、昭和十六年頃には、興農合作社関係の役職員数は、全満で一万二千人程度に及び、在満の日本人にとっての就職先としても、大きな存在であった。

満鉄調査部

満鉄調査部は、関東州の大連にその本社を置く南満洲鉄道株式会社（以下 満鉄）に所属して、単に満洲のみならず、中国や東亜全体についても、産業・経済・社会の分析・調査を行っていた、元祖シンクタンクともいわれる調査員一千六百人を擁する一大調査機関。なお、満鉄は、首都新京にも大きな支社を置き、そこには大連の「満鉄調査部」の分身の「調査室」があった。後に、興農合作社事件に引き続く満鉄調査部事件において、満鉄新京支社調査室から、相当数の検挙・送致・起訴・有罪者を出したのだった。

満洲帝国協和会

満洲帝国協和会は、満洲国建国の五ヶ月後の昭和七年七月二十五日、当時の満洲国執政溥儀を名誉総裁、鄭孝胥国務総理を会長として設立された。多民族国家の満洲国にあって、各年定例的に、中央では全国聯合協議会、各省では所属県が集まる省聯合協議会、更に県にあっては地区聯合協議会というように、段階的な聯合協議会をそれぞれ数日間に亘って開催するなど、満洲国における民族協和をはかるための唯一の民意吸収機関であった。事件当時、協和会会務職員数は三千人ほどで、満洲国全

旧関東憲兵隊司令部・関東局（現吉林省人民政府）：筆者による車中撮影

土の各省に当該省本部、省の下の各県に当該県本部を置き、更にその下に分会を置いていた。当時の分会数は約四千、そして協和会会員数は、二百万人に達していた。

関東憲兵隊

つぎに、興農合作社事件のみならず、引き続く満鉄調査部事件を通じても、終始、一方の最大の主人公であった関東憲兵隊について述べておこう。関東憲兵隊は、往々にして、関東軍憲兵隊などと誤解・誤記される向きもあるのだが、関東軍司令官の管轄下にあって密接な協力関係があったにせよ、関東軍とは別組織で、在東京の憲兵司令官（従って陸軍大臣）の指揮命令系統に属していた。実際、関東憲兵隊司令部は、首都新京にあって、帝冠風の広壮な関東軍総司令部とは別の、大同大街に隔てられた東側の、いわば事務所風の別のビルディングに、租借地関東州を含めた満洲国における日本国の権益を総括的に管轄・所掌する日本国の行政組織である関東局と、いわば同居していた。そして、関東憲兵隊は、満洲国と関東州にあって、新京と大連ほか二十の都市在の憲兵隊に三千名ほどの憲兵が所属しており、「警察権」を行使して、とかく実力不足の満洲国警察（満警）を補完し、主導して、匪賊対策や各地の「前歴もの」を含む不穏分子の監視・防諜・治安などの任にあたっていたのだった。なお、日本国軍である関東憲兵隊の治安維持のための「警察権」の行使は、昭和七年九月十五日調印・発効の日満議定書及び同往復書簡によって、日本本土における憲兵條例によるものと同じく担保され、満洲国警察とともに、満洲国の法令違反（犯罪）に関しての捜査、検挙、尋問・取調べ、そして満洲国検察への事件送致などを行う司法警察権を有する機関であった。

また、在東京の憲兵司令官配下の憲兵司令部本部にあって、本部長以下、第二課が特高業務を、第三課が防諜・外事・検閲業務をそれぞれ担当しており、後述の前歴もの（治安維持法違反などの左翼活動歴のある者）の渡満にあたっては、行き先の憲兵隊に要注意人物として回状をまわしたりしていた。

なお、関東憲兵隊は、興農合作社・満鉄調査部事件に関して、もっぱら関東憲兵隊自体の立場と観点からの思い込み的な記述がなされてはいるものの、九百頁近くに及ぶ詳細な『在満日系共産主義運動』と題する報告書（以下『関憲報告』）を残している。

（四）興農合作社・満鉄調査部事件にあっての「罪と罰」序論

最後に、満洲国の「法治」の観点からの、興農合作社・満鉄調査部事件に関する適用法條——罪と罰──の問題についても、簡単に触れておこう。

罪刑法定主義と事後法による処罰の禁止

満洲国にあっては、特に帝制に移行した昭和九年春以降、日本内地の司法省から多くの司法官を満洲国政府司法部に招聘・採用するなどして、近代国家として必須の法制整備に努めたのだった。その結果、刑事法の分野にあっては、昭和十二年一月四日、日本国の刑法類似の「(満洲国)刑法」を制定・公布・施行したのだった。

前述のいわゆる「満洲国ニ於ル治外法権撤廃條約」締結の前提でもあったこの「刑法」は、その第一條において「罪ト刑トハ法律ノ定ムル所ニ依ル」と規定していた。ここに宣明されている罪刑法定主義に則れば、その実行の時に適法であった行為について、その後に定められた法律に基づいて刑事責任を問うことはできず、また、非適法の行為についても、法改正等によって加重罰を課することはできない、いわゆる「事後法の禁止原則」が働いてくることになるのであった。

暫行懲治盗匪法及び暫行懲治叛徒法

前述の罪刑法定主義の観点から、のちに詳述する昭和十六年十一月四日の興農合作社事件関係者一斉検挙時に既施行の刑事関係法を見てみると、そこには、一般的な「刑法」と、特別法として暫行懲治盗匪法および暫行懲治叛徒法の二つがあった。このうちの刑事に関する基本法である刑法は、前述のように日本国の刑法と類似のものであるが、二つの特別法は、それぞれが、その第一條において、当該法律の適用目的を定めていた。即ち、盗匪法は、「強暴又ハ脅迫ノ手段ニ依リ他人ノ財物ヲ強取スル目的ヲ以テ」とし、他方、叛徒法は、「國憲ヲ紊亂シ國家存立ノ基礎ヲ急殆若ハ衰退セシムル目的ヲ以テ」としていたのである。

　このように見てくると、興農合作社関係の一斉検挙者に対しては、前者の盗匪法の適用は論外で、より抽象的な目的を規定している後者の叛徒法の各條の適用が可能かどうか、が問題となる。もしそうではなく、そして刑法各條の適用もできなければ、罪刑法定主義からして、およそ「犯罪」が行われたことにはならず、よしんば満洲国の司法警察機関である関東憲兵隊による検挙・送致が行われたにしても、満洲国検察による公訴提起、附裁判という事態にはならない。

　ところで、本件の興農合作社の役職員といえば、広大な満洲国にあって興農合作社の所在するそれぞれの農村地域において、それなりの社会的地位を有していた。そういった多数の日本人を、刑法各條違反容疑で一斉検挙するだけの政治的・社会的要請や根拠は見出し難いから、満洲国にあっての満洲国の法律による事態の処理としては、法理的には叛徒法の適用可能性問題（叛徒法に規定されているか否か）を軸として展開していかざるを得なかったのは、後述の通りである。

（満洲国）治安維持法の制定・公布・施行

　他方、このような法治国家満洲国の法的状況に対処し、かつまた、日本内地で急速に進められている戦時体制強化のための各種立法措置――治安維持法改正、国防保安法、軍機保護法、軍用資源秘密保護法などの制定――の後追いを図るべく、満洲国にあっては太平洋戦争開戦後の昭和十六年十二月二十七日、遅まきながら、盗匪法および叛徒法の両法の改正法としての「（満洲国）治安維持法」が制定・公布・施行された。そして、この治安維持法の中心的概念として位置づけられたのが、前述のように昭和十五年七月の建国神廟創建・祭祀府設置により「日本の國體＝満洲の國體」とされた結果としての、変革すべからざるところの「國體」であった。

このようにして制定・公布・施行された治安維持法であったが、治安維持法施行以前に一斉検挙が行われた興農合作社事件は勿論のこと、同法施行後に一斉検挙が行われた満鉄調査部事件にあっても、当該行為が、治安維持法施行以前のものである以上、満洲国の「罪と罰」とに関する司法関係機関――司法警察（関東憲兵隊）、満洲国検察および満洲国法廷――としても、治安維持法を適用しつつ、法治国家満洲国として、「事後法による処罰禁止原則」には、これに従ったという外形を整えざるを得なかった。

しかしながら、治安維持法の適用にあたっての司法関係機関の送致・起訴・判決の各段階において、「罪刑法定主義＝事後法による処罰禁止原則」に表見的に背馳しない限りにおいての法解釈や裁量を駆使しての「罪と罰との実質的内容」となると、話はまた別となってきたのは後述の通りである。

かくして、満洲国において、治安維持法の立法およびその適用に直接関わったこの両事件の進行の状況と、そしてその結末が如何なるものであったかをトレースすることは、四分の三世紀を経た今日の日本にあっても、充分、教訓的意味合いを持っているごとく思えるのだ。

第一章　興農合作社・満鉄調査部事件をめぐる時代背景

Ⅰ　はじめに

興農合作社・満鉄調査部事件は、興農合作社事件と満鉄調査部事件という連続して生起した二つの事件の、百人近くの全検挙者に関しての、五ヶ年近くに及ぶ、内偵、検挙、尋問・取調べ、送致（送検）、起訴（または起訴猶予）、法廷審理・判決と続く、一連の物語であった。

そしてその前段の興農合作社事件は、一年半近くの内偵期間を経たのち、昭和十六年十一月四日早朝、広大な満洲の農村現地にあって、実際に農業・農村振興にあたっていた、いわば「現地派」ともいうべき、主として興農合作社関係者五十余名の一斉検挙として公的に始まった。それは、第二次世界大戦下の満洲国にあって、ユーラシア大陸のはるか西の方、独ソ戦の戦端が、昭和十六年六月二十二日、史上最大の動員兵力を擁したバルバロッサ作戦として、開かれてから四ヶ月余の後、そして東方の日本海を隔てた彼方の盟邦日本にあっては、太平洋戦争開始の一ヶ月前のことであった。

以後、満洲国建国十周年記念式典終了直後の昭和十七年九月二十一日、興農合作社事件に引き続く

満鉄調査部事件として、興農合作社事件の「現地派」に比するに「書斎派」ともいうべき、満鉄調査部関係者二十八名の第一次一斉検挙、数名の中間検挙、昭和十八年七月十七日、九名の第二次一斉検挙、などなどの曲折を経る。

そして、最終的には、満洲国の西方のヨーロッパでは、第二次世界大戦の最末期、ベルリン陥落・ドイツ降伏の直前、東方では、盟邦日本の戦う太平洋戦争での沖縄戦の敗勢が確定的となっていた昭和二十年五月一日、新京高等法院での満鉄調査部関係者二十名への、全員執行猶予付徒刑三年の判決で、ようやくにして終わったのだった。そしてそれは、日ソ中立條約を破棄しての、同年八月九日、戦車部隊を先頭とする百七十万余のソ連軍の満洲一斉侵攻開始、それから十日後、鮮満国境在の一寒村、大栗子にての皇帝溥儀の退位宣言により満洲国が崩壊・消滅する、わずかに三ヶ月前のことであった。

このように、興農合作社・満鉄調査部事件は、関係者にとっての単なる個人的な事件に止まらず、その前段の内偵期間を含めると、第二次世界大戦とほぼ軌を一にしていて、その刻印がはっきりと押されている、満洲国における一大社会悲劇であった。

Ⅱ　満洲国の形成過程とその当初の国造り課題

清朝最後の皇帝、宣統帝溥儀を執政として、昭和七年三月一日に建国された満洲国は、その二年後、昭和九年三月一日の帝制移行を経て、昭和二十年八月九日午前零時を期して突如開始された百七十万ソ連軍の満洲一斉侵攻下、「終戦の詔勅」の三日後の八月十八日深更、皇帝溥儀と満洲国政府首脳の緊急避難先、鮮満国境の寒村、大栗子での皇帝溥儀の退位宣言により完全崩壊・消滅した。その間の「国」としての存続期間は、わずかに十三年半のことであった。だが、この短い期間にあっても、満洲国は、その建国以来、タイムラグを置きつつではあるにせよ、盟邦日本の政治・社会動向を反映しつつ、一年ごとにその相貌を大きく変化させていった。

満洲国建国の昭和七年当時の日本はといえば、同年五月十五日、海軍将校が主体となって惹起された五・一五事件に象徴されるような、社会的矛盾と混乱に満ち満ちていた。わが国人口の過半を占めた農村部にあっては、耕地面積の狭小ゆえに、農家の二、三男はもともと離村を余儀なくされていたのだが、昭和恐慌下、都会に勤め口とてなく、米価の急激な値下がりや生糸の対米輸出の不振などで、「米」と「繭」の二本柱で成り立っていたわが国農村経済は、その両方が倒れ、壊滅的な打撃を受けていた。加えて、うち続く天候不順による凶作に見舞われ続けた北海道や東北農村部では、飯米さえも事欠く悲惨な状況が現出し、困窮のあまり農村女子の身売りや欠食児童などが深刻な社会問題になっていた。

鬱屈した世相の中、四分の一世紀前の日露戦争の主戦場であった満洲の地は、身近で、ロマンにあふれた大いなる舞台であった。そんな中での、昭和七年三月の「五族協和」を旗幟とする満洲国の建国。果てしない大平原に赤い大きな夕日が沈むロマンの新天地を求めて、食い詰め組や一旗組を含む何千、何万の日本人が、海を渡って新天地満蒙を目指したのだった。「僕も行くから君も行け」とばかりに、「狭い日本にゃ住み飽いた」、草木もなびく満洲行きが激増し、在満内地人の人口は、満洲事変時の昭和六年末の二十万人から四年後の同十年末には五十万人に達し、その後もこの動きは加速し続けた。

耕すべき土地を必要とする農業開拓移民に関しては、昭和十一年八月、広田弘毅内閣時代に、国策として「二十年間百万戸移民計画」が定められ、その実施促進のために満洲移住協会が設立された。更に翌十二年八月には、満洲の首都新京に、満洲における入植地確保のための満洲拓殖公社が設立された。また、同十二年末には、満蒙開拓青少年義勇軍制度が設けられ、昭和十三年からは、この制度による義勇隊開拓団の送出も行われることになったのだった。

昭和七年三月一日建国の満洲国が、ヨチヨチ歩きから、一応、「国」としてのしっかりとした歩みを始めたのは、昭和十二年七月七日の日中戦争開始後の同十二年末に、日・満の両国間で「満洲国ニ於ケル治外法権ノ撤廃及南満洲鉄道附属地行政権ノ委譲ニ関スル日本国満洲国間條約」が締結・調印・発効した以降のことであった。折からの盟邦日本にあっては、日中戦争の最大の節目と考えられていた蔣介石国民政府の首都南京攻略、そして、引きつづくその陥落の報に、国中が沸き立ち、東京では、夜な夜な、提灯行列に数十万人が繰り出すお祭り騒ぎとなっていたのだった。

面積的には、最近国際ニュースに頻出するウクライナを縦に二つ重ね、人口的にも、当時、ウクライナ現人口とほぼ同じ四千万人（うち農村人口が約九割）であった満洲国。当時の満洲国の、農村人口約九割という実情からして、産業・社会政策上の大きな関心が、農業・農村へ向けられたのは、けだし当然でもあり、金融合作社や農事合作社の両者の機能を統合した、わが国における総合農協類似といえる興農合作社の全満的育成策はそのためのものであった。だが、広大な満洲国において、農業・農村対策を含めて、あらゆる行政・施策を推進するにあたって、決定的に不足していたのが、いわゆるインテリ・知識階層であった。

他方、同時期の日本内地の現状はというと、昭和一桁代の時代閉塞状況の中で、左翼（代表的には治安維持法違反の前歴のある者たち）のみならず、右翼（代表的には五・一五事件や二・二六事件の関係者、同調者など）などの反体制派的インテリ・知識階層が広範に存しており、彼等のうちの相当数が、人生の蒔き直し的に、あるいは緊急避難的に、新天地希求者とともに「我を容るるに狭き国（「北帰行」原歌）」から、自ら求め、あるいは、時代に押し流されて、過去を問われることのより少ない、新たな世界での前向きな自己実現を図るべく、海を渡ったのだった。そして、その就職先としては、前述のように、全満で一万を超える役職員数を擁した興農合作社関係も多かったのである。

なお、日本にあって昭和十一年八月に制定された思想犯保護観察法によって、全国各地に思想犯保護観察所が設置されたのだが、昭和八年後半期の「大転向時代」を主導した思想検事として名高い大審院検事平田勲が、初代の東京保護観察所長に就任したのは、同年十一月のことだった。その後、平田勲は、昭和十三年八月、満洲国最高法院検察庁次長（＝満洲国検事総長）に就任するのだが、その彼は、昭和十六年八月末、重病でその職を辞するまでの間、元思想犯の来満、満洲での新たな活躍を慫慂・支援するところが大であった（もし彼が、昭和十六年秋に健在で、検察庁次長職に止まり続けていたとすれば、昭和十六年十一月四日の興農合作社事件関係者の一斉検挙の様相は、大分変わったものだったかも知れない）。

昭和十二年秋に出版され、転向作家島木健作（朝倉菊雄）が、求道的ともいえる農村青年像を描いた、本来は地味な内容の『生活の探求』が、世相を反映してか、昭和十三年には一躍ベストセラーとなった。

その島木は、昭和十四年の春から初夏にかけての百日間、『シベリアの旅』のチェホフにも似て、若年からの肺疾に苦しむ身をおして、「滿洲が私を呼ぶこゝろ」にこたえ、「新しい社會と人の動きに、この時代の空氣にぢかにふれたい、何かはげしく、眞劍なもののなかで我身をゆすぶられたいといふ、作家のねがひ」にかられて、「北滿のおもな鐵道の線にはほとんど入り、その各々の沿線地方に幾日間かづつ滞在」する「ひとりあるき」の旅を敢行し、翌十五年、『滿洲紀行』を出版したのだが、そこに描かれている「北滿」こそが、興農合作社事件の主要舞台であった。

Ⅲ　昭和十四（一九三九）年の夏——第二次世界大戦始まる

昭和十一（一九三六）年夏に、「民族の祭典」といわれたベルリン・オリンピックが開催されて三年を経たヨーロッパ。そして、人類にあれだけ甚大な惨禍をもたらした第一次世界大戦の開始から僅か四分の一世紀後のヨーロッパで、一九三九年九月一日、ドイツ軍が、突如、長大な独・ポ国境線を破ってポーランド領内に侵攻を開始。翌々日の九月三日、ポーランドの同盟国イギリスとフランスは、ドイツに対して宣戦を布告し、かくして、以後、一九四五年まで六年間うち続く第二次世界大戦が始まったのである。このドイツ軍ポーランド侵攻開始は、同年八月二十三日、モスクワでの、宿敵同士と目されていたヒットラーとスターリンの握手として世界中に驚天動地の衝撃を与えた独ソ不可侵條約の締結の九日後のことであった。しかもこの独ソ不可侵條約には、第二次大戦後初めて明らかとなった、ポーランド分割等に関する両国間の付属秘密議定書が存していたのである。

満洲国の盟邦日本にあっては、昭和十四年の初頭に近衛内閣にかわった平沼内閣が、独ソ不可侵條約の締結という想定外の事態にあって完全に当事者能力を失い「欧州の天地は複雑怪奇なる新情勢を生じ」という後世に残る迷文句とともに総辞職。平沼内閣にかわって八月三十日に成立した、阿部信行陸軍大将を首班とし、総理自身が外相を兼任した阿部新内閣は、早くも、その成立の翌々日の九月一日、ドイツ軍装甲大軍団のポーランド侵攻開始、九月三日、英仏の対独宣戦布告、これによる第二次世界大戦の勃発、という急激な局面展開に、「今次欧州戦争勃発に際しては帝国は之に介入せず、もっぱら支那事変の解決に邁進せんとす」という声明を発表するだけにとどまらざるを得なかった。

他方、ソ連邦（外蒙古を含む）と数千キロに及ぶ国境線をはさんで対峙しているここ満洲国にあっては、建国以来、ソ・満間で、時として大小の国境紛争が生起していた。昭和十四年の五月中旬には、満洲国西北部、満洲・外蒙古国境で大軍事衝突であるノモンハン事件がおこって、はじめ中央の意向を無視して独走していた現地の関東軍も、戦車、航空機、火砲などにはるかにまさるソ連軍を相手と

旧関東軍総司令官公邸：筆者撮影
旧関東軍総司令部西隣に所在。

して、敗勢のままに夏に至って軍事的に完全な行き詰まりをみせており、事態の解決には、外交的手段に頼らざるを得ないとする気運が生じていた。かくして、昭和十四年の夏、モスクワで、日本の東郷茂徳駐ソ大使とソ連のモロトフ外務大臣との間で進められていた停戦交渉は難航を続け、交渉決裂の事態も予想されるほどだったが、九月中旬に入ると、ソ連側がにわかに軟化の兆しをみせ、十五日に至って、急転、両国間で「ノモンハン停戦協定」の締結をみるに至ったのだった。

ドイツに続いてソ連が、前掲の独ソ不可侵條約の付属秘密議定書に則って、ソ連・ポーランド国境線より、東部ポーランドへの一斉侵攻を開始したのは、この停戦協定の締結の翌々日、九月十七日のことであり、かくして十月に至って、ドイツ、ソ連両国によるポーランドの東西分割が完了した。

独ソ不可侵條約およびその付属秘密協定の余波であったかも知れないにしても（多分そうであったろう）、一大軍事紛争であるノモンハン事件が、この停戦協定によって曲がりなりにも解決をみたことは、興隆期にあった満洲国にとって、まずはめでたいことではあった。なお、ノモンハン事件に関連して、昭和十四年九月七日のこと、満洲国駐劄特命全権大使をも兼務する関東軍司令官が、植田謙吉陸軍大将から第一軍司令官梅津美治郎陸軍中将に交代し、植田は、参謀本部付となった。梅津は、その後、大将に進級し、また、昭和十七年十月、関東軍の総軍への昇格に伴い、関東軍総司令官となり、更に、昭和十九年七月十八日、東條英機陸軍大将の首相辞任、そして兼務していた陸相および参謀総長からの辞任の際、その後任としての参謀総長に転出した。

ノモンハン停戦協定の実質的な生みの親であった独ソ不可侵條約機密協定の締結の時点から起算して、昭和二十年八月九日、同年二月に米英ソ三国間で締結されたヤルタ対日秘密協定に基づき、未だ有効期間内にあった日ソ中立條約を破棄して、ソ連が対日参戦、満洲国へ一斉侵攻、同月十八日に満洲国が崩壊・消滅して第二次世界大戦が事実上終わりを告げるまでが、ほぼまる六年。満洲国にとって、秘密協定に始まり、秘密協定に終わった期間であった。

Ⅳ　満洲帝国協和会活動の活発化――『協和運動』の発刊など

昭和十三年秋、満洲帝国協和会にあって、従来のともすれば同志結合的な色彩を払拭すべく、組織改革、陣容強化策が行われ、翌十四年以降、協和会は、新たな時代的要請に応えるべき発展を遂げようとしていく。すなわち、昭和十四年には、満洲全土に亘っての中央本部→各省→各県といった組織整備もなされ、また、職務内容としても産業・経済面での指導活動も重視されるに至った。その一環として、兼務嘱託という形での協和会外部からの人材導入も進められた。

ことに、当時、満洲国での最重要産業課題であった農業・農村問題となると、協和会内部では人材不足が明らかであったので、協和会首脳部と満鉄調査部との相談の結果、満鉄調査部所属の鈴木小《しょう》兵衛《べえ》が、大連から新京へ転勤。昭和十四年一月より、満鉄新京支社所属のまま、協和会勤務嘱託として農業・農村問題を扱うこととなった。鈴木小兵衛は、新来の新京にあって、協和会内部での活動のみならず、新聞・雑誌等にもよく寄稿し、新京の論壇でも著名人となっていった。なお、鈴木小兵衛は、後出の菅原達郎協和会総務部長やゾルゲ事件の日本側主犯である尾崎秀實満鉄高級嘱託と同時代に東京帝大経済学部・文学部に在学、東京帝大新人会にも所属していたことがあった。そして、このような鈴木小兵衛の存在が、のちのち、興農合作社・満鉄調査部事件を貫く一筋の赤い糸となっていった詳細は、後述の通りである。

昭和十四年の協和会活動にあって、特筆すべきは、施策の普及推進や満洲国の発展課題の探求に資するべく、九月から、毎号百数十頁にも及ぶ月刊機関誌『協和運動』の刊行を開始したことである。当初、その編集の任には、協和会中央本部企画局副局長の半田敏治があたった。半田敏治は、もともと、甘粕正彦満洲映画協会理事長や文士の岸田国士と、陸軍士官学校明治四十五年卒二十四期同期。

甘粕とは陸士以来の友人だったが、大正デモクラシーのさなか、職業軍人を止め、九州帝大に学び、大川周明——政治結社猶存社を結成するなどして国家主義運動を推進した——の影響を受けていた。協和会との関係は、昭和七年のその設立以来で、建国大学や満洲国の高等官吏の育成機関である大同学院の教授をつとめたりもしていた。なお、建国期の満洲には、半田敏治のほかにも、中野虎逸や笠木良明など、猶存社系の人物が少なくなく、現に、昭和十四、十五年当時の協和会中央本部総務部長の皆川豊治も、中野、笠木らとともに、猶存社の同人であった。

昭和十四年頃の満洲国にあっては、まだまだ戦時統制色も殆ど見受けられず、一、二年後に興農合作社事件や満鉄調査部事件で一斉検挙されることとなる面々も、発刊早々の『協和運動』誌上、談論風発、活発な論陣をはっていた。そのなかでも圧巻は、同誌昭和十五年一月号掲載の鈴木小兵衛による「我が國の農民問題に就いて」。これは、前年の十一月十八日、協和会中央錬成所において、研修生向けに同演題で行われた講演の速記録なのだが、同誌中、実に三十頁を占める力作で、彼の分析で特徴的な、半封建制、半植民地などの用語が頻繁に出てきている。なお、のちの興農合作社・満鉄調査部事件の展開に多大の影響をもたらしたその鈴木の身柄だが、この講演の直前のこと、彼自身の意向に反して、新京の満鉄支社調査室から、大連の満鉄調査部に配置換えとなって、協和会勤務嘱託は解消。したがって、用件のあるときに大連から新京に通う一般の嘱託となったのだった。

V　協和会中央本部実践部での「嘱託室」の設置――戦時化していく時代の流れの中で

昭和十四年の夏以来、『協和運動』誌の刊行などで協和会活動が活発化するなか、協和会会務機構外の叡智を会運動の線に動員し、結集し、組織する一方法として、中央本部に不足している経済産業ブレーンを補強する意味合いから、「嘱託室」を設けようとする動きが具体化。前掲の鈴木小兵衛が、新京から大連へ配置換えとなった直後の昭和十四年十一月、中央本部実践部に「嘱託室」が誕生する運びとなった。満洲国政府総務庁、同経済部、満鉄調査部、大同学院などからの著名人の顔触れ、鈴木小兵衛を含む二十一名の嘱託が「嘱託室」の当初メンバーとなった。なお、「嘱託室」の企画・運営は、熱田基中央本部実践部実践科長が担当し、実践科員はじめ中央本部有志が、これに全面的に協力することとされたのである。

かくして、昭和十五年の初頭のこと、新京の満洲帝国協和会中央本部では、「嘱託室」所属の嘱託メンバー一同と、皆川豊治中央本部総務部長以下関係職員の顔合わせ初会合が開かれ、以後、毎週一回、水曜午後五時からの定期開催の次第となった。また、検討対象項目としては、まずはということで、満洲国の農業・農民・農村問題が取り上げられることとなった。

また、このような「嘱託室」として取り上げる検討課題のほか、外部からの啓蒙・指導ということで、随時、著名講師が招聘されたが、その中には、山田盛太郎、中西功、三木清、稲葉秀三、尾崎秀實ら、当時の錚々たる知識人たちも、その名を連ねていたのである。

昭和十五年といえば、満洲国の盟邦日本では、「紀元は二千六百年　ああ一億の胸はなる」と、奉祝国民歌が華々しく歌い上げられていた年のこと。ヨーロッパでは、ドイツと英仏間の戦争が本格化の一途をたどっており、また、肝心の日中戦争はといえば、一向に解決の兆しが見えないまま、ますます泥沼化していくなどの状況下、社会全体の雰囲気が、急速に戦時化していった年でもあった。

そして、ここ満洲国にあっても、若干の時間をおいてではあっても、盟邦日本のあとを追いつつ、ひたひたと水嵩の上がっていく社会的雰囲気の戦時化の流れのなかにあって、「嘱託室」の存在意義それ自体も、昭和十五年後半には急速に薄れていき、そのとどめとして、昭和十六年に入っての「協和会の組織・人員大改革」の結果、「嘱託室」は完全に雲散霧消してしまったのであった。協和会における年初と年末にあっての「嘱託室」をめぐるこのような動き自体が、満洲国における昭和十五年一年間の時の流れを表象していたようにすら思える。

Ⅵ　建国神廟の創建と祭祀府の設置――日満一体の具現化

その同じ昭和十五年の七月のこと、満洲国の首都新京の皇帝溥儀の宮廷内に、「満洲国建国の元神＝日本の皇室の祖神とされる天照大神」として、建国神廟が創建され、同月十五日払暁、建国神廟鎮座祭が執り行われた。また、皇帝溥儀により「国本奠定詔書」が宣布された。そして、この建国神廟の祭祀・運営を所管する皇帝直属機関として、同日付で祭祀府を新たに設置。祭祀府総裁には、満洲国参議府副議長を兼務しつつ満洲帝国協和会中央本部長をつとめていた橋本虎之助が任命された。橋本虎之助は、満洲国建国後、関東軍参謀長、関東憲兵隊司令官、陸軍次官、近衛師団長などを歴任していたが、二・二六事件後予備役編入となり、その後来満して昭和十三年以来、参議府副議長兼協和会中央本部長の任にあった。

この建国神廟創建・祭祀府設置による日満一体の具現化は、この一年半後の昭和十六年末、「(満洲国) 治安維持法」の制定に当たって、日本の治安維持法と同じ変革すべからざる「國體」概念を法定化する根拠となっていった。

新京駅東方 2㎞ほどの旧満洲国皇帝溥儀宮廷：筆者撮影
この宮廷は手狭なため、新市街に広大な新宮廷の建設を開始したが戦争により中断。

第二章　興農合作社事件、一斉検挙に至る路

Ⅰ　昭和十五年夏、協和会「嘱託室」にて（一）――鈴木小兵衛の協和会入り

それもまた同じ昭和十五年の夏のことだった。協和会中央本部実践部におかれた「嘱託室」にあって、というよりはより正確には「嘱託室」の周辺にあって、のちのちの一連の興農合作社・満鉄調査部事件の原点となったともいうべき、二つの出来事があった。その一は、昭和十五年六月、鈴木小兵衛の協和会中央本部企画局第三科長就任である。

前述のように、鈴木小兵衛は、昭和十年末、内地から大連にやって来て満鉄調査部入りをしたのだが、その後、協和会側の求めもあって新京に来て、満鉄新京支社所属となった。そして、身分的には満鉄職員のまま、昭和十四年一月から、勤務先協和会である協和会嘱託となり、農業問題専門家としてそれなりの活躍をし、新京にあっても著名人となっていった。しかるところ、同年十月に至って、満鉄調査部側の意向で、鈴木は、再び大連に戻って、大連在の満鉄調査部勤務となった。そして今度は、他の嘱託と同様の立場の嘱託として、後述の昭和十五年一月からの「嘱託室」関係の会合には、

毎度、大連から新京に出張して出席していたのだった。

このような状況下、鈴木小兵衛としては、大連の満鉄調査部内にあって、派閥対立問題もあり、また、大連ではあくまで多数内の一人に過ぎないことが面白くなかったようで、農業問題などに関して何かと第一人者扱いされた新京が懐かしかったようだ。かくして、本人の意向や、「嘱託室」を取り仕切っていた熱田基実践部実践科長の熱意と強力な斡旋が奏功して、六月には、鈴木小兵衛は、満洲国協和会会務職員に採用され、半田敏治副局長配下の中央本部企画局第三科長に就任する。

このような経緯ののち鈴木は、昭和十五年の後半期、協和会にあって「嘱託室」活動に専心し、しかも、『協和運動』誌昭和十五年十一月号からは、その編集者となるに至った。そして、昭和十六年当初の「協和会の組織・人員大改革」にあっての企画局の廃止に伴い、坂田修一が部長を務める新設の調査部の参事に任命され、後々に至ったのだった。

Ⅱ　昭和十五年夏、協和会「嘱託室」にて（二）――平賀貞夫の東京警視庁による検挙

それは、新京の協和会中央本部実践部実践科主任、平賀貞夫が、『協和運動』誌昭和十五年七月号に「物資配給の全国民運動を提唱す」と題する自身の小論を掲載、「嘱託室」にあっての配給問題の合同研究に、検討の中心人物として取り組んでいた七月下旬のことだった。平賀は、昭和十五年春の異動で、ハルビンから百キロほど北に離れた協和会綏化県本部事務長代理から、新京の協和会中央本部に転勤してきて、数ヶ月後のことだった。

その平賀貞夫だが、昭和十五年七月二十八日、何の前触れもなく、東京から出張してきた警視庁係官に検挙されたのである。この検挙は、平賀本人にとっては、心当たり無きにしも非ずであったかも知れないが、協和会の「嘱託室」関係者などの周囲の人々にとっては、十分、「何故？」と思わせるものだった。そして、この周囲の人々には、在新京の主要機関の動向には日常的に眼を光らせていた関東憲兵隊（新京隊）も含まれていた。関東憲兵隊にしてみれば、いわば自分の縄張りのなかである満洲の新京で、満洲国の準政府機関である協和会のれっきとした会務職員平賀貞夫の、満洲国からすれば部外者である東京警視庁係官による検挙という事態に、面子を失した感もあった。

かくして、関東憲兵隊は、失地回復とばかり、早速、平賀に関する満洲での来歴、身辺事情、交友関係等の細密調査に乗り出すとともに、東京の憲兵司令部本部に、平賀貞夫に関する関連詳細情報の提供を求めたのだった。憲兵司令部本部にあって、丁度この頃の特高関係担当の第二課長は、東京帝大法学部で学んだこともあり、数年前の新京で当時の東條英機関東憲兵隊司令官の副官を務めていた、キレものとして名高い四方諒二中佐。彼は、関東憲兵隊の司令塔である新京憲兵隊長近藤新八大佐の陸軍士官学校一期後輩で、近藤大佐のよく知る人物。関東憲兵隊的意識からすれば、新京で同じ建物に入っているとはいえ、日本内地でいえば指揮命令系統の異なる内務省所属である関東局警務部特別高等課の仲介を一々経ずとも済むことが、何かと好都合であった。

そして、当然ながら、平賀貞夫が活躍していた「嘱託室」によく出入りしていた佐藤太一、有馬好男、堀昇、和田一義、安井清隆らの関係者の一人一人の動向に関しては、関東憲兵隊の継続的な厳しい監視の眼が注がれることとなったのだった。

昭和十五年十二月二日の人事異動により、新京憲兵隊長に、前任の近藤大佐に替わって、四方諒二中佐と陸士二十九期同期の門田善実中佐が着任。憲兵司令部本部第二課と新京憲兵隊との連係プレーがよりスムーズとなった。更に、昭和十六年七月一日、わが国にあって北進論、南進論で国論が二分されているなかで、東條陸相の股肱の臣、元東京憲兵隊長の加藤泊治郎少将が、朝鮮憲兵隊司令官を経て、東京の憲兵司令部本部長に着任し、ここに、憲兵組織における東條色の染め上がりが完成の域に達したのであった。

Ⅲ　昭和十一〜十五年、濱江（北安）省綏化県にて——佐藤大四郎と大塚譲三郎

東京警視庁による検挙で、一躍、関東憲兵隊の注目を浴びることとなった平賀貞夫協和会実践部実践科主任。昭和十五年春の人事異動で、彼は、見込まれて新京の中央本部にやって来たのだが、その前任地・前職はといえば、協和会綏化県本部事務長代理であった。かくして、「綏化県」という地名が、以後の関東憲兵隊の綿密諜偵の重要な対象となっていったのだった。

綏化県は、ハルビンを北上すること百キロほどに位置しており、従前は「濱江省」所属であったが、昭和十四年六月の北安省の新設に伴い、更に北の海倫県などの数県と共に「北安省」所属となったばかりであった。そして、この綏化の地こそが、昭和十一年以来、佐藤大四郎が、満洲国地方行政官吏の大塚譲三郎（東京帝大経済学部卒、大内兵衛門下）の協力をえて、北満に多く見られるいわゆる「北

満型農業」にあって、地主・大農層に対抗すべく、中・小・貧農層を組織化しようとする農村協同組合運動・農事合作社運動を展開してきたところ。のちに「北満型協同組合運動」あるいは「濱江コース」と呼ばれた運動形態の発祥・中心地であった。

この運動の主人公、佐藤大四郎は、第一高等学校を中退した、もと左翼活動家。昭和六年四月、治安維持法違反容疑で検挙。以後、昭和八年十二月、東京地方裁判所にて懲役二年執行猶予四年の判決までの二年半、未決囚として収監されていた。釈放後の昭和九年四月、収監中の療養をも兼ねて大陸に渡ってきた彼は、大連にあって、最初、『満洲評論』の編集責任者をつとめていたのだが、昭和十一年、期するところがあって大連を離れ、前出のハルビン北方の濱江省（当時）綏化県にやってきた。そこは、大地主・大農―多数の中・小・貧農という形態のいわゆる「北満型農業」が支配的な地であった。佐藤大四郎は、この地にあって、昭和十一年当初より、前述の東京帝大経済学部出身で大内兵衛門下の、当時濱江省公署財務科長だった大塚譲三郎の精神的・財政的支援を得て、農村協同組合を設立し、中・小・貧農中心の農民運動を展開するに至ったのだった。

翌昭和十二年には、満洲国は、満洲産業開発五ヵ年計画における農業生産力増強対策として農事合作社法を制定したのだが、これが、この運動の更なる拡大の好機となった。すなわち、佐藤大四郎は、その設立した農村協同組合を発展的に改組した濱江省農事合作社聯合会の主事となり、関東憲兵隊の『在満日系共産主義運動』（以下『関憲報告』）にいわしむれば、「其の後間もなく日本内地より多數の左翼前歴者を現地に糾合し、濱江省を中心とする北滿農事合作社運動が、一般合作社運動に比較して其の趣を異にせる所以を解くと共に所謂濱江コースなる稱呼を附して、終始之が左翼的實踐指導をなし來つたもの」(『関憲報告』448)であった。その際のテキストとしては、佐藤自身の著『綏化縣農村協同組合方針大綱』や前述の鈴木小兵衛著『滿洲の農業機構』等が用いられた。

このような北満農村での農事合作社の現地活動に関しての同調者となった人たちは、類型的には、既渡満の「前歴もの」たちのなかで満洲農村活動に新たな生き甲斐を求めた人々と、佐藤大四郎や大塚譲三郎らが一時内地に帰国して渡満を勧誘した「前歴もの」たちがあったが、たとえば前者の類型には、新京在住の元プロレタリア作家山田清三郎の知人の野川隆、小松七郎などが含まれていた。

ちなみに、佐藤大四郎と大塚譲三郎との人間的な紐帯は強いものがあったようで、前述のように、昭和十三年暮れ、二人一緒に内地に赴いて、東京保護観察所の斡旋で進藤甚四郎、塙正、井上林ら数名の「前歴もの」を農事合作社職員に採用すべく努めたりもした。また、個人的な面では、次のような話も伝わっている。

即ち、人間的に純な佐藤大四郎であったが、その「佐藤大四郎に独り身の侘しさに幕が降りるきっかけは、昭和十二(一九三七)年三月中旬、…………彼が基本調査を終えて綏化県城に戻った晩のこと、県公署の招宴の席上で一人の芸妓を見染めたことであった。彼は暇と懐具合を見計っては料亭一力に通った。長崎は五島の貧農の家に生れ、親を救うために身を売った彼女であった。戸籍調べをするように問いかける大四郎を、初めは不粋な、いけ好かない客だと思った彼女であったが、次第に大四郎の誠実さにほだされた。しかし大四郎には身請け金がない…………大塚譲三郎は、浜江省公署に浜江省農事合作社輔導委員会事務局を設けて、佐藤大四郎をその主事に迎えた。翌十三(一九三八)年五月のことである。綏化合作運動を省全域に及ぼそうというわけである。こうしたわけで、こんどは彼女が大四郎を哈爾浜に追う形となった。ある夜、彼女は脱走、警察の介入を得て自由廃業に成功する。二人は大塚譲三郎夫妻の媒酌で、蕎麦屋の二階で固めの盃を交したという」（田中武夫『橘樸と佐藤大四郎』331）。

このように、佐藤大四郎は、昭和十二、十三年ころは、綏化県農事合作社や濱江省農事合作社聯合会にあって多くの同調者たちとともに、貧農を対象とする農事合作社運動を展開していたのだった。他方、満洲国政府は、昭和十四年秋頃から従来の農事合作社と金融合作社とを合併し、農村全体を包摂する形での興農合作社の設立を推進することとなった。佐藤大四郎はこのような政府・協和会の方針に対する反対運動を展開していったのだが、結局反対運動は世の中の受け入れるところとならず、佐藤大四郎は、興農合作社法が施行された昭和十五年の春以降には、濱江省農事合作社聯合会から在新京の興農合作社中央会に配置換えとなり、農村での現地活動は中止の止むなきとなっていたのだった。

Ⅳ　昭和十六年初頭、協和会の組織改革・人員大整理——二位一体制と政府等への大量転出

それは丁度、盟邦日本の国中にあって「紀元は二千六百年　ああ一億の胸はなる」と奉祝歌で歌われた昭和十五年もあと一月余を残すのみ。満洲帝国協和会にあって年初に華々しくスタートした「嘱託室」の諸活動が、年の後半にかけて、すっかり尻すぼみになっていった昭和十五年十一月末のことだった。

旧満洲映画協会（二階のバルコニーのところが理事長室）：筆者撮影
円内は理事長室での甘粕正彦。昭和 20 年 8 月 20 日早朝、この理事長室にて服毒自殺。

前任の橋本虎之助予備役陸軍中将（元関東軍参謀長、関東憲兵隊司令官、近衛師団長）が、七月に祭祀府総裁に任じられた関係でしばらく空位となっていた満洲帝国協和会中央本部長に、予備役陸軍中将で歴代関東軍参謀長の中でも最重鎮の三宅光治が新たに任命されて、東京から新京に赴任してきた。当時の協和会は、その設立以来十年近くになって組織も肥大化し、政府との方針対立など組織的な病弊が各界の人々から指摘されていて、その設立当初の「理念先行型」から、時代の趨勢に対応した「実務先行型」への脱皮をせまられ、満洲国政府からは次年度の協和会人件費の大幅削減を申し渡されるなど、その組織・人員の改革大整理が必至の情勢にあった。

新京に着任した三宅光治がまず手掛けたのは、皆川豊治協和会総務部長や、関東軍・満洲国政府とも相談・依頼の上、組織改革・人員大整理敢行のための人材配置であった。それが、昭和十六年一月十二日付の、皆川総務部長の中央本部副本部長への昇格、改革大整理の主役となる皆川の後任の総務部長へは、甘粕正彦満洲映画協会理事長の、満映理事長兼務のままの登用。三月一杯での組織改革・人員大整理完了後の四月一日の新体制発足時における総務部長就任を含みとしての、菅原達郎司法部参事官兼大同学院総務部長の協和会企画局長就任であった。甘粕正彦は、昭和十四年十一月、その剛腕ぶりから関東軍・満洲国政府に所望されて満洲映画協会理事長に就任し、従来の乱脈経営を刷新、満映のあり方を一変させていたし、また、菅原達郎は、乞われて、司法部兼務のまま大同学院総務部長となってその運営の抜本的立て直しを行った実績があった。

このような周到な布陣の下で、改革案の策定実施が急ピッチで進められた結果、二月二十六日に至って、会務職員の人心の一新とともにその安定を図るべく、中央本部大講堂に全本部職員が集められ、三宅中央本部長から委曲をつくした「人事異動に関する訓辞」が行われた。以後四月初旬に至るまで、「協和會、政府の人事交流と本年度重點主義による協和會新方針に基く會務職員の異動は、結成以來の大規模のもとに決行せられた。轉出職員數は、實に一千二百餘名に上り、これが政府との連絡のもとにそれぞれ政府、特殊会社關係に振當てられた」のだった。こうしたなかで、所謂「二位一体制」の原則がとられ、政府と協和会との、特に地方行政の推進などにおいて、二にして一の関係が強調され、また、政府、協和会相互間の人事異動の流動化が図られることになった。

このような昭和十六年当初の協和会の組織改革・人員大整理は、協和会全体の問題として行われたのであって、関東憲兵隊の『関憲報告』で思い込み的に記述されているような、「在京各機関の革新的進歩分子、左翼分子を糾合」、「革新的政策の検討、左翼理論の研究等に務め」ていた「協和会中央本部内の嘱託室」をつぶすことを狙いとするものでは勿論なかったが、逆に協和会の組織改革・人員大整理の結果として、中央本部実践部に設けられた「嘱託室」といううつわやそこに集まる人的グループは、文字通り雲散霧消してしまったのであった。

新生満洲帝国協和会は、昭和十六年四月一日、甘粕正彦は予定通り審査役に退き、三宅光治中央本部長のもと、新任の菅原達郎総務部長、曲秉善指導部長、蛸井元義訓練部長、坂田修一調査部長兼幹事長の四部長の新体制で、そのスタートを切った。

V　同じく昭和十六年初頭の日本では——急速に進む社会経済の統制化、戦時化

時あたかも、満洲国の首都新京で満洲帝国協和会の大改革作業が進められていた昭和十六年の初め頃、日本内地では、社会経済の統制化、戦時化が急ピッチの展開を遂げていた。

その一は、東條英機陸軍大臣より、軍人としてとるべき行動規範を示した戦陣訓が示達されたのが年明けの一月八日のこと。この戦陣訓の中にある「生キテ虜囚ノ辱メヲ受ケズ」は、後の太平洋戦争で、日本兵にむだな「玉砕」を強要するおそろしい「訓《おしえ》」となっていったのだった。

同月十一日には、「新聞紙其ノ他ノ出版物ニ対スル掲載事項ノ制限又ハ禁止」を行う新聞紙等掲載制限令（勅令第三七号）が公布、即日施行された。

三月三日には、政府権限を強化する国家総動員法改正法が公布され、また、三月七日には、のちに

ゾルゲ事件のリヒャルト・ゾルゲ、尾崎秀實を断罪した国防保安法が公布され、五月十日に施行された。更に、三月十日には、刑罰強化・取締範囲拡大・予防拘禁制導入などを主内容とする治安維持法改正法が公布され、五月十五日から施行された。

教育の分野では、三月一日公布の国民学校令に基づき、日本全国の小学校が、四月一日より、「国民学校」となった。満洲国でも、同日を期して、日本人の通う小学校は全て、その名称が「〇〇在満国民学校」と改められたのだった（租借地関東州にあっては「在満」は入らなかった）。日本内地では、「国民学校」は、戦中、敗戦後を通じて丁度六年間存立し、昭和二十二年四月一日をもってまたもとの「小学校」に復したのであった。満洲の「在満国民学校」にあっては、昭和二十年八月九日のソ連の侵攻後の二、三日の間に、満洲国にあった全ての公的社会的組織と同様に、建物だけを残して全て消えさっていった。

Ⅵ　昭和十六年四月、日ソ中立條約の締結――そして四年後のヤルタ対日秘密協定によって

この頃の満洲国関係の重大事項として忘れられてならないのは、昭和十六年四月十三日、モスクワにおいての、日ソ中立條約、正式には「大日本帝国及「ソヴィエト」社会主義共和国聯邦間中立條約」の調印である。結果的に満洲国の命運を文字通り左右したこの條約は、主として当時の第二次近衛内閣の松岡洋右外務大臣のイニシアチブに依って、昭和十六年四月二十五日を始期とする有効期間

五年間、即ち、昭和二十一年四月二十五日まで効力を有するものとして電撃的に締結された。そして、同條約第三條においては、「両締約国ノ何レノ一方モ右期間満了ノ一年前ニ本條約ノ廃棄ヲ通告セサルトキハ本條約ハ次ノ五年間自動的ニ延長セラレタルモノト認メラルヘシ」と規定されていたのである。

他方、このような日ソ中立條約の存在にもかかわらず、昭和二十年二月十一日、アメリカのルーズベルト、ソ連のスターリン、イギリスのチャーチルの三首脳によって、クリミア半島の保養地ヤルタにおいてヤルタ対日秘密協定が締結された。この協定あっては、「三大国、すなわちソヴィエト連邦、アメリカ合衆国及び英国の指導者は、ドイツ国が降伏し且つヨーロッパにおける戦争が終結した後二箇月または三箇月を経て、ソヴィエト連邦が、次の條件で連合国側において日本国に対する戦争に参加することを協定した」と定められていた。この対日秘密協定が、この時から半年後に、もはや日本本土とほぼ完全に断絶状態となってしまっていた広大な満洲に在住する、軍、官、民、合わせて二百数十万人の日本人に対して、最大のカタストロフィーをもたらす結果となることを、関係者である誰しもが、全く知るところではなかったのである。

ソ連は、すでに沖縄戦が始まっていた昭和二十年四月五日、前述の同條約第三條の規定に基づき、同條約を再延長しない旨（破棄）の通告を日本側に行ってきたのであるが、五月八日のドイツの無條件降伏から九十日後の昭和二十年八月八日、ヤルタ対日秘密協定を援用して、いまだ有効期間中であった日ソ中立條約を一方的に廃棄して対日宣戦布告を行った。そして、八月九日午前零時を期して、満洲国の西、北、東の三方面より、戦車軍団を含む百七十万の大兵団で、満洲一斉侵攻を開始したのだった。それは、広島への原爆投下の二日後、日本のポツダム宣言受諾の六日前のことだった。

Ⅶ　満洲の暑い夏――バルバロッサ作戦、北進論と南進論、そして関東軍特種演習

昭和十六（一九四一）年六月二十二日。それは、満洲国の西方、果てしなく広漠として横たわるシベリアのそのまたさきの、地球の三分の一周もはるか西の彼方のヨーロッパで、バルバロッサ作戦と称される壮絶な独ソ戦が開始された日であった。昭和十四年八月二十三日の独ソ不可侵條約の締結、引き続くドイツのポーランド侵攻、そして第二次世界大戦の勃発から、二年とたっていなかった。

この日、ヨーロッパで始まった独ソ戦の帰結が、四年後に、ヤルタ対日秘密協定を援用しての、ソ連の日ソ中立條約の破棄、戦車部隊を先頭とするソ連の大軍勢の満洲侵攻、そして満洲にあった軍・民合わせ二百数十万人の日本人の生活の完全破壊をもたらすことになるとは、当時の誰しも、夢にも思いもよらぬことであった。

満洲国の盟邦大日本帝国にあっては、ヨーロッパにおけるこの情勢の激変に対応して、七月二日、天皇の臨席を得た御前会議にて「情勢ノ推移ニ伴フ帝國國策要綱」が定められたのだが、以後の七、八月は、大日本帝国と同様に満洲国にとっても、この国策要綱を実施に移していく暑い夏となったのだった。

即ち、当該要綱は、昭和十二年七月七日に勃発した「日支事変」について、まる四年の時を経ても

未だにその偉容を誇る旧関東軍総司令部（現中国共産党吉林省委員会）：筆者による車中撮影

なおその解決策を見出し得なかったにもかかわらず（あるいはむしろ見出し得なかったがゆえに）、「帝國ハ依然支那事變処理ニ邁進シ且自存自衛ノ基礎ヲ確立スル爲南方進出ノ歩ヲ進メ又情勢ニ對シ北方問題ヲ解決ス」としており、かくしてこの方針によって昭和十六年七月から、相矛盾する、いわゆる北進論と南進論との双方の軍事冒険主義的な戦争体制の第一歩が、それぞれに進められることになったのだった。

満洲国の存立がそのままかかわっている「北進論」に関しては、一般に「関特演」と呼ばれた関東軍特種演習のための大動員令が七月七日に発令されて、在満洲の関東軍の総兵力が、七十五万に至るまで、朝鮮、台湾、そして内地本土から、続々と増強されていった。なお、関東軍特種演習動員令下令と同時期、関東軍所属下に、新たに「関東防衛軍」が編成されて、七月十七日、その初代司令官に山下奉文中将が任命された。

後日談的には、新設の関東防衛軍の司令官山下奉文中将は、七月十七日の任命後、四ヶ月も経ない十一月六日、南方軍戦闘序列に編入された第二十五軍の司令官に任命され、よく知られているように、太平洋戦争開戦期に、マレー半島・シンガポール攻略戦を成功裏に指揮して「マレーの虎」として全国に勇名をとどろかせた。大日本帝国陸軍にあってのこのような山下の異動は、北進論から南進論への大日本帝国の軍事戦略の方向転換を、如実に示している。

このように「関特演」動員令下、満洲国の北辺における兵力増強が遮二無二進められている一方で、七月十八日、もっぱら独断専行型の外務大臣松岡洋右を閣外に放逐するための第二次近衛内閣の総辞職、続いて第三次近衛内閣の組閣が行われ、外務大臣は、松岡洋右から南進論派である豊田貞次郎海軍大将にかわった。軍事戦略を含めた大日本帝国の「国策」の方向は、混乱を極め、続行中の対米交渉の成否に、わが国の命運がかかっていた。そんな事態のなかの七月二十八日、日本は、かねてよりの英米の警告にもかかわらず、仏印南部への進駐を開始した。この結果は、たちどころにして、在英米蘭の日本資産の凍結、日英通商條約の破棄、アメリカの対日石油禁輸などの制裁措置を招くに至った。これらの制裁措置のなかでも、アメリカの対日石油禁輸は、わが国の石油の対米依存が八割にも達していたため、わが国にとって致命的な打撃となった。この窮状を打開するためとして、南進論が急速に力を得ていく。

かくして、満洲国にあっては、「関特演」にもかかわらず、早い秋の訪れと共に北進論の暑い夏は、急速に過去のものとなって、次第にソ満国境における「対ソ静謐確保」につとめることが、関東軍のとるべき道となってしまった。

そして肝心の対米交渉はといえば、その後も何ら進展を見せぬままに時間だけが急速に流れ行き、九月六日の御前会議では、「對米（英蘭）交渉ニヨリ十月上旬頃ニ至ルモ尚我要求ヲ貫徹シ得ル目途ナキ場合ニ於テハ直チニ對米（英蘭）開戰ヲ決意ス」とする「帝國國策遂行要領」が決定された。更に、十月十五日に至って、日米交渉が不調のまま行き詰まって、内閣総理大臣近衛文麿は、内閣総辞職を決意。第三次近衛内閣は、成立から僅か三ヶ月にして瓦解するに至った。そして、十月十八日、大命降下して公爵近衛文麿のあとを襲って組閣したのは、強硬派として知られた昭和十五年七月以来の陸軍大臣東條英機陸軍中将であった。第二次近衛内閣陸相就任前、東條英機は、陸軍次官、関東軍参謀長、関東憲兵隊司令官などを歴任していた。

なお、東條英機陸軍中将は、東條内閣の組閣に際して陸軍大将に昇進し、総理大臣だけではなく、内務、陸軍、軍需の三大臣をも兼任するという異例の体制をとった。

Ⅷ　急速に進むゾルゲ事件関係者の摘発――九津見、山名、田口なども

昭和十六年の秋、対米交渉が一向に進展を見せないままに、軍事的対決の方向が、北進論から南進論に急速に傾斜していくなかで、偶然的な要素も重なって、九月末からゾルゲ事件の摘発が進んでいった。

事件の発端は、アメリカ帰りで、元アメリカ共産党員の和歌山県粉河町在住、洋裁教師北林トモの、昭和十六年九月二十八日の検挙であった。その彼女の口から、たまたま、同じくアメリカ帰り元アメリカ共産党員、洋画家で、事件の中心人物宮城與徳が名指しされて、宮城は、十月十日に検挙された。そして、一度は二階の取調室から飛び降り自殺を図ったが失敗した彼の口から、捜査員すらおどろく事件関係者の名が、次々と明らかになっていった。十月十三日には早くも秋山幸二、九津見房子の両名が検挙された。なお、九津見は、三田村四郎とともに、昭和三年三月十五日生起の「北海道三・一五事件」の主犯格で、治安維持法違反として札幌刑務所での懲役四年の刑期を満了して昭和八年六月出獄。以後東京に戻って、昭和十一年頃から宮城與徳の協力者となっていて、北海道札幌時代の関係から、山名正実や田口右源太をも、宮城への情報提供者としてリクルートしていた。山名、田口は、たびたび満洲旅行をしたりしていたが、なかでも山名は、昭和十六年三月以来、満洲（四平省開原街）に居住していたほどであった（二人とも後に検挙）。

そして事態は急展開して、十月十五日に至って、日本側の首謀者、満鉄高級嘱託（東京在住）尾崎秀實が、そしてまた十月十八日には、事件全体の首謀者リヒャルト・ゾルゲが、それぞれ検挙されるに至ったのだった。尾崎、ゾルゲの検挙は、奇しくも、第三次近衛内閣の総辞職、そしてそれに続く東條内閣の成立とそれぞれ日を同じくしていた。

ゾルゲ事件関係の検挙は、翌十七年に入っても続けられ、最終検挙は安田徳太郎の昭和十七年六月八日、検挙者数は、諜報機関員十七名、非諜報機関員十八名、計三十五名に及んだのだった。

第三章　関東憲兵隊の「興農合作社事件（一・二八工作事件）」

Ⅰ　関東憲兵隊自身が記述する「一斉検挙に至る路」

関東憲兵隊は、その『在満日系共産主義運動』において、興農合作社事件の「一斉検挙に至る路」を、いかにも自分勝手流にではあるが、次のように記述している（『関憲報告』518以下）。

……………特に其の頃日本内地に相次いで發生した日本共産黨再建事件關係者の滿洲潜入説は注意を要すべきものであつたに拘らず、共産主義運動の本質を理解せず、革新的國家要請を誤解したる結果、日系共産主義運動は既に前世紀の遺物として、かゝる風説に耳を傾けないのみか、却つて在滿邦人の融和を害する悪質流言とし、或は轉向者の榮達を妬む中傷として抹殺せらるゝ情勢にあつた。新京憲兵隊本部特高課に於ては、かゝる情勢の下、言論界の風潮に正常ならざるものあるを感じ、秘かに其の據つて來る根源の究明に意を注ぐに至つた。偶々、昭和十五年七月協和會中央本部實踐科部員平賀貞夫が警視廳に檢擧せられたる事件發生し、眞相諜知に努めたるところ、日本共産黨再建運動の容疑なること判明すると共に、圖らずも舊濱江省農事合作社職員たる多數の日系左翼前歴者が一團となつて金融、農事兩合作社の統合方針に反對し、且新合作社設立前後に於ては、猛烈なる地位獲得の策動をなせる聞込を得ると同時に、之等の關係者が未だ左翼思想を清算し非ざるを認定するに足るべき數多の資料を入手するを得た。

一方曩に警視廳に檢擧せられたる平賀貞夫は、…………満洲關係に就いては未だ何等の供述はないが、嘗て協和會事務長代理として濱江省綏化縣に在勤の間、當時同省農事合作社聯合會に所属せる左翼前歴者情野義秀外數名とは、公私に亘り密接な關係にあり、而も平賀の協和會中央本部轉出後檢擧直前に至るまで新京及哈爾濱等の市内各所に於て屢々會合して居た等の諸情報を綜合檢討の結果、農事合作社に於ける左翼前歴者の集團的策動の背後に、思想關係が伏在しありとする容疑極めて濃厚なる結論を得るに至つた。昭和十五年十二月時の新京憲兵隊本部特高課長は、支那事變下特に思想事犯取締の重要性に鑑み、斷乎不逞思想の根源を摘發すべく決意し、事件の性質上豫め長期間偵諜を覺悟し、本部特高課に少數精鋭なる人員を以て特別工作班を設け、爾来…………約一年に亘る組織的偵諜活動を實施したる結果、昭和十六年六月頃に至り遂に農事合作社及協和會を温床として合作社運動、協和運動等の國策に便乗して行はれありたる在満日系共産主義運動の實在を確認するに至つた。

満洲国における北進論の急速な沈静化とともに、虎視眈々として事件摘発の適期を窺っていた関東憲兵隊にとって、千載一遇の好機が訪れた如く思えたのだった。それは即ち、昭和十六年十月十三日、平賀貞夫の友人として監視していた情野義秀の、ハルビン北方三百キロの北安から南支那向け逃亡企図中のところを、新京、奉天の中間点四平街にて捕捉しての検挙。そして、新京憲兵隊留置場においての情野の事件関係の詳細供述であった。以下が、『関憲報告』の前掲に引き続く記述である（519）。

然し乍ら事件は叙上の如く極めて廣汎にして、而も在満邦人は元より、異民族に及す反響の甚大なるを考慮し、彈壓方法には愼重なる考慮が拂われてゐた。然るに偶々獨・ソ戦の勃發をみ、満洲國々内情勢は本事件に對して再檢討を要すること〻なり、只管推移静觀中のところ、同年七月初旬豫てより本事件首班格の目星を付けていた北安省興農合作社聯合會事業科長情野義秀が、公金數萬圓費消の暴露を虞れて南支那方面に逃避を企圖しあるを事前に探知し報告を受けたる特高課長は、偵諜補足の爲の抽出檢擧として絶好の機會なりとして情野の檢擧を決意し、北安憲兵隊に情野の隠密抑留方依頼したるところ、既に哈爾濱、四平方面在住の知人方に向け出發せりとの回答に接し、時を移さず所在憲兵隊に手配すると共に、萬一を慮り安東、山海關、釜山等の各關門憲兵分隊に取押方手配中のところ、十月十三日知人たる四平省開拓科長雨夜甚將方に妻同伴宿泊中なるを發見四平憲兵隊に於て難なく檢擧するを得た。

安住の新天地を遠く南支那に求め、罪深い満洲を逃避せんとする間一髪遂に捕れの身となれる彼情野の脳裏を去來するは果して何か、新京憲兵隊本部留置場に移されて以後一日、二日頃として口を割らなかつた彼も、取調官の熱心と心からなる温情に接して流石に良心の苛責に絶へざりしか、三日目となつて漸く公金費消の事實を認め、更に二日を過して心氣一變し、従来の偵諜内容に符合する在満日系左翼前歴者を中心とする一・二八工作事件の實體を供述するに至つたものである。

Ⅲ 「關憲作命第二九四號檢擧命令」下る——関東憲兵隊のポイント・オブ・ノーリターン

昭和十六年十月十三日の情野義秀の抽出検挙以降、十一月四日払暁の興農合作社事件容疑者の一斉検挙に至るまでの次第、および、興農合作社事件が「一・二八工作事件」と称呼されるに至った経緯は、次のようなものであった（『関憲報告』520）。

情野義秀の抽出檢擧は、事件の確度を一段と深化せしめたるのみならず情野等により結成したる秘密結社中核體は、平賀貞夫を介して日本共産黨再建運動と一脈の連繋を保つべく意圖したる事實をも明瞭ならしめた。右の報告によつて關東軍に於ても事態を重大視し愼重審議の結果斷乎斷壓するに決し、之が檢擧並に處理に關しては關東憲兵隊司令官の統轄下に、滿洲國側關係機關を協力せしむることになつた。そこで不取敢關東憲兵隊は、昭和十六年十一月一日附を以て左表の如き一・二八工作事件臨時捜査部を編成し、滿洲國側警察も之に準ずる陣容を整備した。事件の稱呼は警務部長により、新京憲兵隊長より司令官に對し事件の全貌報告をなしたる十月二十八日を記念して、一・二八工作事件と冠名せられ、同時に満洲國治安部警務司係官の出頭を求め、憲警双方の檢擧並取調擔任区分を取決める等諸準備概ね完結せるを以て、即日關係各隊に對し關憲作命第二九四號檢擧命令が發せられたのである。

関東憲兵隊の臨時捜査部の編成は、総括班のほか、新京、哈爾浜、孫呉、承徳、大連、奉天、斉斉哈爾、通化の各地域班それに東安隊であった。また、満洲警察側の関係部局としては、首都警察庁、奉天市警察局、四平市警察局、濱江省警務庁、北安省警務庁であった。この結果、関東憲兵隊による検挙者数は、情野を含めて二十九名、また、満洲警察による検挙者数は、二十三名であった。

この一斉検挙に関して『関憲報告』は、「十一月四日拂曉を期して實施したる一齋檢擧は、關係機關の密接なる連絡協調と周到なる事前準備により全般的に概ね順調平穏裡に進捗した。然し乍ら一部に於て關係者の所属が實際と相違し、或は出張不在等の事由により一齋檢擧の時期を逸し、數日後に至りて漸く檢擧し得たる者數名あり、又満系容疑者には人違ひ檢擧二名ありたる等は遺憾であつた」（『関憲報告』527）、と総括している。

この独善的ともいえる一斉検挙決行のイニシアチブが、新京か、東京か、その奈辺にあったにせよ、一斉検挙それ自体としてみれば、それはそれで一応成功裏に終わったと言い得るかもしれない。だがそれは、事件全体の単なる入り口のことに過ぎず、関東憲兵隊自身にとってすら、長く険しい道のりの始まりでもあったことが、次章以下で明らかとなっていく。

第四章　興農合作社事件、始まる

Ⅰ　昭和十六年十一月四日朝、満洲帝国協和会中央本部にて

南満本線と愛称された南満洲鉄道（満鉄）は、遼東半島の港まち大連を起点として南満洲平野をほぼ直線状に七百キロ北上し、新京（現 長春）駅に至る。

新京市街地の北部に位置する新京駅は、南に面していて、駅前広場から真南に向けて幅広の大同大街（現 人民大街）が一直線に走っている。南方向の大街の取っつきの右端には満鉄新京支社、また、左端には満鉄が経営する新京ヤマトホテル。そして、新京駅から大同大街を二キロ余南下したところには、パリのエトワール広場を思わせる大同広場（現 人民広場）がある。この広場の西側外周には、満洲中央銀行、満洲電信電話株式会社、首都圏警察庁などの広壮な建物が建ち並んでいて、このサークルを丁度半周して更に南下をするとすぐの左手に、大同大街に面し、いつも竿頭に五色の満洲国々旗を翻している瀟洒な二階建ての建物があった。そこが、満洲帝国協和会中央本部であった。

長春駅前広場より人民大街をのぞんで：筆者撮影
右端が旧満鉄新京支社、左端が旧新京ヤマトホテル。

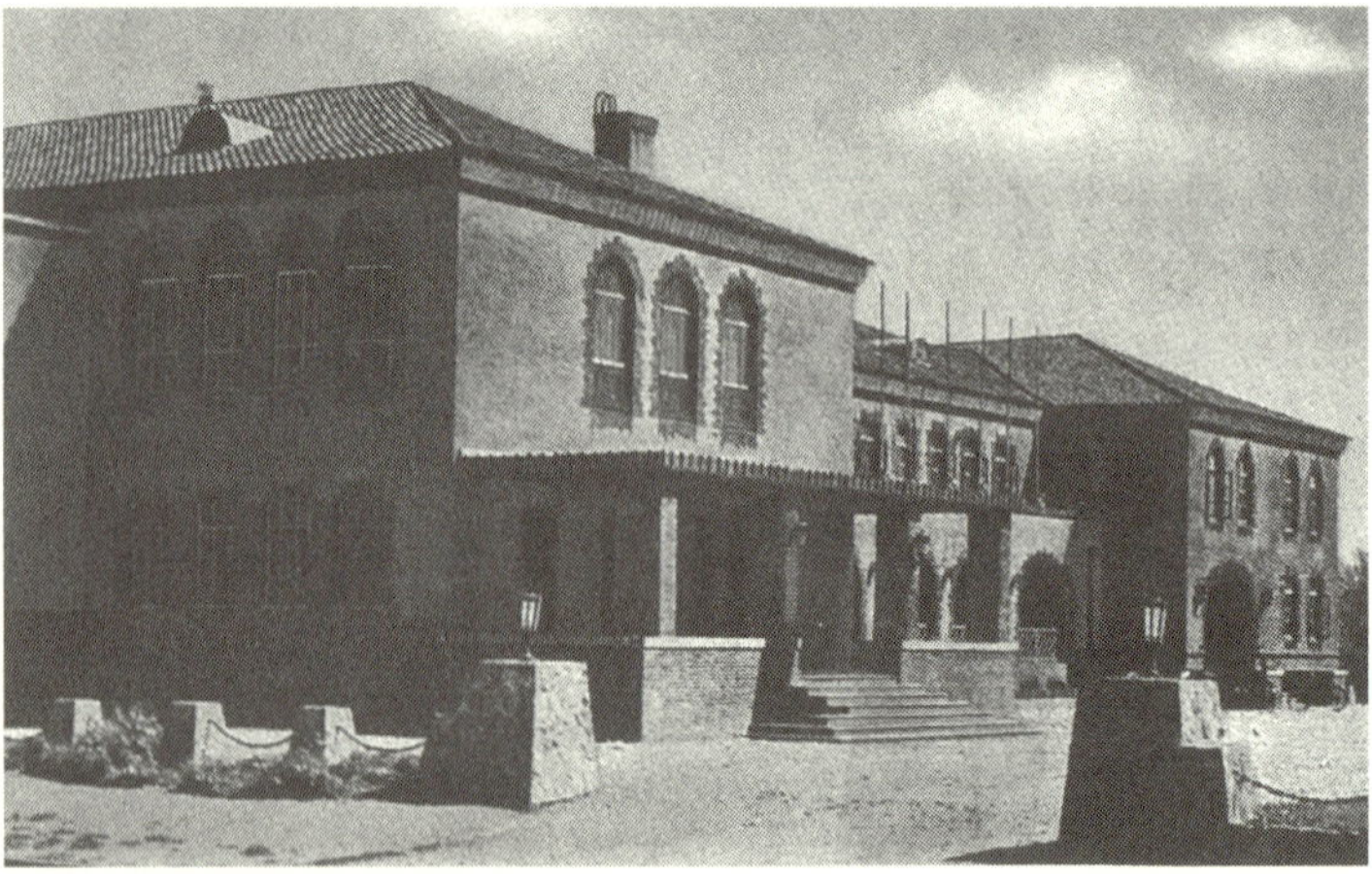

往時の満洲帝国協和会中央本部
のちに、ソ連新京進駐軍司令部として使用された。

昭和十六（一九四二）年十一月四日の朝、協和会中央本部に出勤したばかりの菅原達郎総務部長は、東安省の中央部の密山（日本名「東安」）に在所する協和会東安省本部よりの緊急電話連絡に接した。東安省といえば、満洲国の東部のいわば脇腹的なところに位置し、同省東部一帯はウスリー江を挟んでソ連と対峙していて、なかでも強固な虎頭要塞は、満洲国東側対ソ防衛上の戦略的最重要拠点であった。近年、牡丹江を経て、林口↓密山↓虎林の鉄道沿線には、多くの開拓団が入植していた。

電話の趣旨は、その日の早朝のこと、協和会東安省本部事務長の熱田基が、関東憲兵隊東安隊によって検挙され、東安隊駐屯所に連行・留置されたとするもの。検挙理由は不明とのことであった。

菅原は、昭和十六年四月に断行された協和会の組織・人員大改革のため、乞われて、満洲国政府司法部参事官兼大同学院総務部長職から、同年一月初めに企画局長として協和会入り。この四月から、甘粕正彦――余人をもっては為し得ずとして満洲映画協会理事長を兼務したまま前記大改革のため臨時的に総務部長をつとめていた――に替わって、協和会運営の総元締めである同職につき、半年余を経ていたのだった。

時あたかも、昭和十六年十一月初旬といえば、日本内地では、その二週間ほど前の十月十八日には、対米交渉の行き詰まりから第三次近衛内閣が総辞職して、昭和十五年七月から第二次近衛内閣にあって陸軍大臣を務めていた陸軍中将東條英機が大将に昇進して陸軍大臣兼務のまま総理大臣を拝命。近衛に代わる東條内閣を組閣し、警察を所管する内務大臣をも兼務することとなったのだった。そしてまた、その九月の終わり頃には、後に国際大スパイ事件として世の中を震撼させることとなったいわゆるゾルゲ事件の摘発が開始され、事件の中心人物、満鉄の高級嘱託で近衛内閣のブレーントラストであった尾崎秀實が検挙されたのは十月十五日。フランクフルター・ツアイトゥンク東京特派員リヒャルト・ゾルゲの検挙が東條内閣の成立時と同じ、十月十八日のことであった。

また、ここ満洲の地にあっては、一般に「関特演」と呼ばれた関東軍特種演習のための大動員令が七月七日に発令されて、七月から八月にかけて在満洲の関東軍の総兵力が、七十五万に至るまで、朝鮮、台湾、そして内地本土から、続々と増強されていき、満洲在の識者の間では、近々あり得べきソ連との軍事衝突への臨戦態勢的緊張感が横溢していたのだったが、それも秋の深まりとともに次第に薄らいできていた頃のことであった。

関連情報収集につとめ連絡方に遺漏無きを期すように指示して電話を切った菅原は、早速、総務部長室に、坂田修一調査部長と解良武夫総務部人事科長を呼び、事態の把握と対応策のため三者協議を開始した。坂田修一は、菅原の東京帝大法学部五年後輩で、満鉄、次いで満洲国政府を経て協和会入りして協和会の内外事情に詳しく、協和会関係者の融和をはかる協和会幹事長をも務めていた。また、解良武夫は、協和会の生え抜きで、たまたま、この三月まで、熱田基の前任として、東安省本部事務長を務めていたのであった。

菅原が二人に対して、先刻の熱田検挙についての東安省本部との電話での応答を説明し、二人に意見を求めたところ、まず、坂田が言った。

「熱田事務長は、この春の東安省本部事務長転出前は、四月の組織改革前の実践部実践科長でした。実は、私も実践部に結構長く、彼の前に実践科長をやったりして、彼とは大分前からの付き合いで、その人柄なり仕事ぶりはよく存じています。そういった在新京時代の彼から考えて、お話しの今回の東安憲兵隊による検挙については、正直言って全く思い当たるところが無いのです。実は、こちらにうかがう前に、東安省本部の事情について熱田事務長の前任だった解良人事科長とも話し合ったのですが、彼も東安省関係について全く心当たりが無いようです。

ただ、総務部長ご案内のようなこの四月からこれまでの満洲国内外諸情勢の急速な変転を考えると、逆に言えば何が起こってもおかしくないということでもあります。従って、組織としての協和会としては、先ずは情報収集に全力をつくすということだろうと思っているのですが……」

昭和十六年四月一日付の東安省事務長転出前に、実践部実践科長という地位にあった熱田事務長の経歴・人柄・仕事ぶりをよく知る坂田調査部長の見方としては、熱田の東安憲兵隊による検挙は、なかなかにして受け止め難いところではあるが、時局柄背後に複雑な事情が介在するやも知れないから、まずは情報収集に努めようというもので、これには菅原も異とするものではなく、それぞれが情報収集の上、翌日夕刻の再会を期することとしたのだった。

坂田調査部長の見解に頷くところのあった菅原は、自分が、渡満時以来この年初まで、七年近く在籍していた古巣の司法部に電話して交換手に前野茂司法部次長室に繋いでくれるように言った。前野は、日本の司法省時代からの菅原達郎の司法官試補任官一期先輩。菅原の民事系に対して、刑事畑で、菅原達郎ら司法省出身の五、六人とともに、満洲国の帝制移行時直後の昭和九年四月に満洲国政府入りをして司法部の要職を歴任し、一年ほど前に司法部次長（実質司法部大臣）に昇進していた。日本の司法省から満洲国政府への転出者の取り纏め役的存在で、菅原とも同じ政府代用官舎に住んで、公私共々昵懇な、「君・僕」の間柄であった。

会議中で、折り返しすぐ電話するとのことだった前野次長から数分後にかかってきた電話に、菅原は熱田事務長検挙の件を概要説明したところ、前野は言うのだった。

「そうか、君のところの省事務長までやられたか。僕のこれまでの情報では、四、五十名程の北満を中心とした興農合作社の関係者、それにごく少数の政府関係者ということだったが、協和会まで手が伸びているとはな。そう言えば、去年、協和会職員が、新京で、東京警視庁係官に検挙された事件があったな。そんなことも関連があるのかな。君や協和会の人たちが、意外と思うかもしれないが、先般東京で検挙されたと漏れ聞く君と法学部同期の満鉄嘱託の尾崎秀實君の検挙だって、満鉄首脳部にとっては意外や意外ということではなかったのかな」

「この件は、直接的には関東憲兵隊が震源地で、満洲警察がこれに協力しているものなのだが、僕の見るところ、規模といい時期といい筋といい、新京の関東憲兵隊司令部の一存でできることではないのではないか。なにしろ、陸軍大臣、内務大臣を兼務しておられる東條総理閣下は、君も知っての通り、関東憲兵隊司令官や関東軍参謀長として一昨々年まで三年近く新京におられ、現在も対満事務局総裁をおつとめという、ご自身が切っての満洲通であられるし。また、東條閣

旧満洲国政府司法部：筆者撮影

下の在満洲時代以前から満洲各地の憲兵隊長をやって、そして新京で関東憲兵隊総務部長などを歴任して誰しもが東條閣下側近随一と認める加藤泊治郎憲兵少将が、日本の憲兵の総元締めの東京の憲兵司令部本部長をつとめているのだからね。挙げ句、東條閣下の関東憲兵隊司令官時代に副官をつとめていた四方諒二中佐が東京の憲兵司令部で特高関係担当の第二課長だそうじゃないか。そんなこんなで君、思い半ばに過ぎるものあり、と言ったところさ」

「満洲国の治安維持の任にあたる関東憲兵隊が、捜査、検挙、取調べにあたるとしても、本件は、つまるところは満洲国の刑事案件であるから、事件としての訴追やら裁判となれば、いずれ満洲国側の出番とならざるを得ない。その意味からもわが司法部として、目下重大関心を寄せているところではあるがね」

「しかるになにせ、これは僕の愚痴になってしまうのだが、君も知っての通り、満洲国側の司法体制はといえば、まことにお粗末のかぎり。まずは現場の司法警察権を行使する関東憲兵隊にもの申すべき満洲国検察陣からして、君の岳父、三木猪太郎元東京控訴院検事長の良き部下だったわれらが先輩で重鎮の平田勲最高検察庁次長（実質検事総長）が、この八月末に重病で辞職されて以来、空席のままとなっていたし。このたびやっとあわてて後任がきまったようだが」

満洲国の帝制移行直後の昭和九年四月の渡満以来、司法部にあって、「法治国家満洲国の建設」という目標に向かってともに歩んできた前野次長に、菅原は思わずも、「四、五十名を検挙したということだが、肝心の適用法條はどうなのかね。まさかあの古色蒼然たる暫行懲治叛徒法や暫行懲治盗匪法をそのまま適用するとは思えないのだが」と率直にきいたのだった。当時の満洲国には、刑法のほか、治安維持のための特別法として、建国後半年ほどした昭和七年秋に制定されたこの二法が存していた。

電話を通しての前野の声は、満洲国司法の責任者として、いかにも沈痛だった。

「そこだよ君、君の言うとおり一番の問題は。そここそがわが司法部としての最大の泣きどころだ。内心いかに関東憲兵隊の勇み足かも知れないと思ってみたところで、満洲国の治安維持のためにやっていることだ、と言われればそれまでで、適用法條の未整備・不具合を言い立ててみても、天に唾するようなものだ。ことここに至った以上、いかにも泥縄的ではあるが、君の言う適用法條の問題に早急にとり組んでいかなくてはならないと思いを新たにしているところさ。早速君にもお知恵拝借せずばなるまいから、その節は一つ宜しく頼むよ」

Ⅱ　翌十一月五日夕刻、満洲帝国協和会中央本部にて

翌日の夕刻、四日朝のメンバー三人が、総務部長室にそれぞれの情報を持ち寄って再び集まった。坂田修一調査部長は主として関東憲兵隊関係の、解良武夫人事科長は主として東安省関係と満洲警察関係の情報を、それぞれ集めたとのことだった。菅原総務部長が、前日の前野司法部次長との電話でのやり取りを、やや機微にわたる最高検察庁次長空席問題と適用法條問題を除いてかいつまんで紹介したのに対して、坂田は言った。

「この件は、今の総務部長のお話しのように、全満でかなり大規模のもののようですね。私は、関東憲兵隊分隊の駐在している都市の協和会省本部に問い合わせてみて、現段階ではどこまで噂かどうかはよく分からないところがありますが、かなり大規模なことは確かなようです。また、新京などは関東憲兵隊と首都警察庁の双方の手入れがあったようで、なかなか実情がつかみにくいことはありますね。

私は、ハルビンの濱江省本部にいたこともあって、あちらの方に若干土地勘もあるのですが、濱江省では相当数の県興農合作社関係者がやられているようです。北安省も同じようです。何か、

昨年春に興農合作社ができる前の、農事合作社などで農業組合運動をやっていた前歴のある連中が多いんじゃないかという噂も聞こえてきます。それに、関東憲兵隊のことですから、大連にも手を伸ばしたようですね。

ただ、幸いなことにというか、協和会関係者ということでは、東安省の熱田事務長の他は、熱河省本部の安井清隆嘱託が検挙されたとのことですが、こちらは、東安省の事務長の場合と違って、嘱託の一人ということですので、部内にそれ程の動揺はないようです」

人事科長の解良が続けた。

「私は、坂田部長と連絡を取りながら、主に満洲警察の方をあたってみました。こちらの方も、結構、濱江省や北安省の関係者が多いようですが、奉天、四平などもやられているようです。そして、こちらの方は、協和会関係者はおらないようです。ただというか、政府の経済部からの検挙者に佐藤太一というのがおりまして、彼は、元々は協和会の人間で、この三月まで、実践部組織課にいた男ではありますが」

坂田が、「ちょっと補足させて貰いますと」として言った。

「今の解良人事科長の話に関連しますが、関東憲兵隊の検挙に関連して、龍江省で検挙されたという噂のある満洲国政府の龍江省醴泉県副県長の有馬好男君も、元協和会の政府転出組で、興農合作社には関係しておりません。そういう意味では、今回の一斉検挙の狙いが一体何処にあるのか、不気味ではあります。第一、熱田事務長などは、前歴のある元活動家という訳でもないし、興農合作社関係者でもないし……」

このような情報交換ののち、菅原は、前日の前野次長との一斉検挙者に対する適用法條に関しての応答を思い起こしながら、結論的に言った。

「組織としての満洲国協和会からの検挙者が、新京の中央本部からはおらず、東安省本部の熱田事務長と熱河省本部の安井嘱託二人に止まったということは、不幸中の幸いかも知れないが、この三月までの協和会在籍者が、行った先々で捕まっているというのも、これまた変な話ではあるな。そういった面を含めて、事態の推移をよく見ておいて適宜報告してくれ給え」

「それから協和会東安省本部についてだけれども、熱田君がすぐに釈放されれば別として、勾留が続くような場合には、組織的には然るべき者を事務長代理に発令せんといかんかもしれないな。そこら辺は、解良君の方でよく考えておいてくれ給え」

Ⅲ　興農合作社事件関係者の一斉検挙の概要

一年近くののちに、「満鉄調査部事件」へと展開していく「興農合作社事件」の幕開けは、昭和十六年十一月四日早朝、関東憲兵隊による三十名弱、満洲国警察による二十名強、計五十名強の容疑者の一斉検挙であった。検挙対象者の多くは、興農合作社、同聯合会、同中央会の役職員で、満洲国政府職員と新聞・雑誌関係者などがそれぞれ若干名、協和会職員が嘱託を含め二名、であった。また、この段階にあっては、大連の満鉄調査部からの検挙者は、一名に止まっていた。

地域的なからみでいえば、ハルビンを含む濱江省が十一名、濱江省のすぐ北の北安省が十三名と、両省が圧倒的だった。更に、東安省、龍江省、熱河省、通化省などからの検挙者もあり、全満的ともいえ、また、お膝元の首都新京でも、興農合作社中央会から五名、政府機関から三名の検挙者が出ていた。また、満洲国外では、関東州大連から二名検挙されていた。

第五章　五十余名を一斉検挙してはみたけれど

Ⅰ　留置と取調べの状況

昭和十六年十一月四日払暁、「全般的に概ね順調平穏裡に進捗した」五十余名の一斉検挙ではあったけれども、当然事前に想定しておくべき、留置・取調べへの準備は、全くといっていいほどなされておらず、ために留置状況が悲惨を極め、また取調べ状況がお粗末の限りであったことは、『関憲報告』もこれを認めざるを得ない程だった（『関憲報告』528）。

留置場は新京憲兵隊本部留置場を除き、滿洲國側警察は元より關係各憲兵隊に於ても常に下層滿人を主たる留置人とするが故に不潔非衛生的であり、從つて留置場は本來の設備如何に拘らず關係者を収容するには眞に忍び得ないものがあつた。殊に新京以北は既に極寒の季節であり、採暖施設の不完全と相俟つて隙間洩る寒風は肌を刺し骨に浸みて…………留置の長引くに伴ひ關係者中に多數患者が發生し、而も滿洲國側に於て中二名の死亡をみるに至つたのは…………

直接偵諜を擔當したる新京憲兵隊以外の關係機關に於ては、事件に關する豫備知識に乏しく、加ふるに全般に此の種事件に對する經驗素養極めて貧困の實情にあり、爲之取調は多大の困難が豫想せられた。そこで先づ、統轄班に於ては…………直接取調を擔任すべき哈爾濱、孫呉、大連、承徳の各隊特高課長を出頭せしめて事件の詳細を説明すると共に、各隊に於ける取調擔當官中、先任者各一名を司令部に集め、約一週間に亘る取調教育を實施し、且新京憲兵隊本部に於ける取調を實地見聞せしめて共の要領を會得せしむる等…………

次に取調の方針は…………飽迄も彼等自らの國民的良心を喚起せしめ、自發的供述に仕向けるを本則とし、之が爲に一問一答式の訊問的方法に依らず、専ら手記を以て之に代ふることにした。

右のような留置および取調べの状況に関して、『関憲報告』は、更に、次のような注目すべき追加記述を行っている(529)。

扨てこれより先、新京憲兵隊本部に於ては、速かに全貌を究明せんとする統轄班の命に基き、田中治（奉天）、進藤甚四郎（孫呉）、井上林（哈爾濱）及吉林憲兵分隊に於て檢擧したる岩間義人等の中核體關係容疑者を各隊より移送を受け、同時に奉天、哈爾濱より派遣せられたる下士官各一名を併せて處理班を新たに編成し、文字通り不眠不休の取調を續行したのであるが、元東京刑事地方裁判所檢事にして當時大肚子川滿洲第六七三部隊附なりし中村哲夫少尉が、軍命令により關東憲兵隊司令部勤務、同年十二月二十日新京憲兵隊本部兼務となり、事件處理を指導すること、なつた爲取調は一段と進捗するに至つた。

見られるように、十月十三日に抽出検挙された情野義秀に加えて、恐らく彼の供述に固有名詞として出てきたであろう「田中治（奉天）、進藤甚四郎（孫呉）、井上林（哈爾濱）及吉林憲兵分隊に於て検擧したる岩間義人等の中核體關係容疑者」は、最初から特別扱いとなって、もともと新京在住で新京憲兵隊によって検挙された興農合作社中央会の佐藤大四郎ら五名と共に、斉一的に「新京憲兵隊本部」での取調べを受けたのだった（なお、有馬好男（斉斉哈爾）、熱田基（東安）も、中核体関係容疑者と共に新京班回しとなっている）。逆に言えば、上記以外の他班検挙の人々については、「何となく怪しい奴だから取り敢えず捕まえておこう」、そしてその取調べは、当該班の速成の下士官にお任せで、「お前、自分がした悪いことを反省して紙に書け」ということだったのか。

そして、その「新京憲兵隊本部」にあってすら、「處理班を新たに編成し、文字通り不眠不休の取調を續行し」とあり、更に、「元東京刑事地方裁判所検事……中村哲夫少尉が、軍命令により關東憲兵隊司令部勤務、同年十二月二十日新京憲兵隊本部兼務となり、事件處理を指導すること、なつた為取調は一段と進捗するに至つた」と続くのだが、語るに落ちたとはこのことで、行間に読み取れるのは、新京憲兵隊本部處理班にあって、十一月四日の一斉検挙以来、十二月八日のあの太平洋戦争開戦という日本国（そして満洲国）にとって、国を挙げての一大出来事を中にはさむ、一月半をも経過した十二月二十日まで「不眠不休の取調」を行ってはみたけれど、実のある成果は殆ど何も出てこなかった、ということであろう。

Ⅱ　関東憲兵隊に本当に欠けていたところのもの

そうなのだ。そもそも関東憲兵隊に欠けていたものは、留置場のスペースとか、取調べ能力とかといった単純なものだけではなかったのだ。この一斉検挙が関東憲兵隊それ自体の内発的というよりは東京の憲兵司令部本部からの強い指示によるものであったかも知れないにしても（たぶんそうだったのだろう）、満洲国の首都新京にその司令部を置く関東憲兵隊として、曲がりなりにも法治国家たる満洲国の、関係法律・司法制度と、その中における関東憲兵隊の役割・権限についての認識・理解が、まるでなっていなかったように思えるのだ。換言すれば、関東憲兵隊が、満洲国にあって、表見的にいかに大きな権限を有し、権力を行使しているように見えようとも、満洲国が、建前として、満洲国刑法第一條に規定する「罪ト刑トハ法律ノ定ムル所ニヨル」ところの法治国家である以上は、いかに関東憲兵隊が、主観的に悪い奴だと思って検挙したところで、検挙した被疑者を、客観的に（満洲国の法律に照らして）罪状を明らかにして満洲国の検察当局に送致する司法警察としての役割に限定されているということが、どれだけ認識・理解されていたか、ということでもある。

Ⅲ　暫行懲治叛徒法問題

ここで、先般来たびたび言及がなされている「暫行懲治叛徒法」を巡る問題について考えてみよう。昭和十三年から十五年頃にあって、日本では『関憲報告』でも記述されているように、多くの日本共産党再建関係容疑者が検挙され、そして起訴されていったが、それらは、大正十四年に制定・施行され、幾度かの改正（改悪！）を経た、かの「治安維持法」によるものであった。また、満洲での興農合作社事件の摘発とほぼ同じ時期に、日本にあってその摘発が進められたゾルゲ事件において適用された法律は、治安維持法のほか、国防保安法、軍機保護法、軍用資源秘密保護法などなどの多岐に亘った（適用法律が多い方が良いと言いたい訳ではないので、念の為）。

これに対して、満洲国にあっては、興農合作社事件一斉検挙が行われた昭和十六年十一月四日現在、このようなカテゴリーの「犯罪」を対象とする法律はただ一つ、「國憲ヲ紊亂シ國家存立ノ基礎ヲ急殆若ハ衰退セシムル目的ヲ以テ」する特定の行為を処罰する、暫行懲治叛徒法しかなかったのだ。しかも、本件の如き思想犯罪の場合に関しては、本法中、第一条の「…………目的ヲ以テ結社ヲ組織シタル」ことの容疑者か、及び／又は、第三條の「出版通信其ノ他何等ノ方法ヲ以テスルヲ問ハス第一條ノ目的ヲ以テ其ノ目的タル事項ヲ宣傳シタル」ことの容疑者が、始めて満洲国検察当局に、勾留状執行と引換えに送致され、ついで検察当局により、その職権において、当該容疑者に関して、起訴（公訴提起）、不起訴（起訴猶予、嫌疑不十分又は嫌疑なし）の決定がなされるのである。

暫行懲治叛徒法をめぐっての更なる実質的な問題としては、同法の罰則規定が極めて厳しいことであった。例えば、同法第一條の「…………目的ヲ以テ結社ヲ組織シタル」ことが認定されれば、「首魁ハ死刑、役員其ノ他ノ指導者ハ死刑又ハ無期徒刑、謀議ニ參與シ又ハ結社ニ加入シタル者ハ無期徒刑又ハ十年以上ノ有期徒刑」に処され、第三條の宣傳罪にあってすら、前述の要件が認定されれば、「十年以上ノ有期徒刑」に処されるという、裁量の余地が局限された厳罰主義的法律であった。従って、一旦、関東憲兵隊が、同法違反容疑で容疑者を満洲国検察庁側に「送致」したとすれば、受理した満洲国検察庁側としては、不起訴処分にしない限り、いずれにしても死刑、無期または十年以上の徒刑に処せられる重罪犯として訴追しなければならないのであった。

Ⅳ　満洲国最高検察庁次長人事の問題

適用法律問題についで、満洲国最高検察庁次長の人事問題についても触れておこう。

満洲国最高法院にあって、検察庁次長といえば、日本国に引き換えれば、実質的には満洲国の検事総長に相当していた。この満洲国検察庁次長ポストには、日本における検察官僚の序列にあっての高順位の者が充てられており、その初代には、昭和十一年七月、一高寮歌「緑もぞ濃き柏葉の」の作詩者、俳人でもあり、大審院検事などを務めた、柴碩文が就任した。そして、昭和十三年八月、昭和八年夏の佐野、鍋山を皮切りとした「大転向時代」を主導した思想検事として名高い、初代東京保護観察所長平田勳が、その二代目として着任したのであった。なお平田は、最高検察庁次長として来満したのちも、国民思想研究所顧問としてとどまり、東京からの新しい関係情報に接したりもしていた。

このように平田勳は、「大転向時代」を主導したり、東京保護観察所長としての職歴などから培われた自己の信念からも、渡満した「前歴もの」に対する配慮に深いところがあった。かくして、満洲を訪れた「前歴もの」たちが、新京の彼の許をよく挨拶に訪れたり、また彼は、月一回、新京で自分の費用で「前歴もの」たちを集めての近況聞き取り・激励会なども催していた由である。

その満洲国新京にあっての日本の各省庁出身官僚群中の最重鎮の平田勲だが、満洲にあって北進論が最高潮期の昭和十六年八月、病を得、手術などの経過も思わしくなく、同月二十八日、検察庁次長職を退任して日本に戻り、同職は空位のままとなった。そして、松山地方裁判所検事正だった後任の石井謹爾が新京に着任したのは、一斉検挙発令直後のことであった。いかに東京の憲兵司令部本部からの強い指示があったからだったにしても、事柄の後先を考慮することなき関東憲兵隊の勇み足的一斉検挙の実情を知れば知るほど、もしあの際に平田勲がそのまま検察庁次長に止まっていてくれたならば、と思えてならない。

V　とは言いつつもここ満洲国にあっては

しかしながらここは、昭和七年九月十五日の日満議定書および交換書簡に於いて規定・確認されているがごとくに、「両国共同シテ国家ノ防衛ニ当ルヘキコトヲ約ス之カ為所要ノ日本国軍ハ満洲国内ニ駐屯シ」、また、「弊国ハ今後ノ国防及治安維持ヲ貴国ニ委託シ」ている満洲国であった。そして、十一月四日に、五十余名を一斉検挙したのは、満洲国の治安維持にあたる関東憲兵隊（とその主導のもとにあった満洲警察）であった。そうだとすると、普段から満洲国の治安維持の多くを関東憲兵隊に依拠している満洲国側からして、いかに関東憲兵隊の「勇み足」の如く見えたにしても、既に「賽は投げられた」以上、関東憲兵隊の事前協議不充分・独断専行をなじってみたところで詮方なく、何とか関東憲兵隊・満洲国検察・満洲国司法部の三者で事態の収拾策を生み出さねばならなかった。かくして、三者三様の役割分担的事件対処策が始まっていった。そのうちの最重要課題が、暫行懲治叛徒法および暫行懲治盗匪法の改正法としての、（満洲国）治安維持法の制定であった。

第六章　一斉検挙者の事件送致のために——やっと整ってきた道筋

Ⅰ　総合法衙内の最高検察庁次長室にて

昭和十六年十一月の初旬も終わりかけた或る日のこと、前野茂満洲国政府司法部次長は、新京市の南の新市街地、国務院などの大きな官庁ビルが立ち並ぶ順天大街（現 新民大街）の南端に位置する総合法衙内の満洲国最高検察庁次長室にいた。茶系一色の外装で重厚かつ一風変わった建物のこの総合法衙は、前野が執務する正面が白堊で淡麗な趣の司法部からは六、七百メートル、歩いて数分のところだった。

この部屋の新しい主は、昭和十六年十一月一日付で、日本の松山地方裁判所検事正から満洲国の実質検事総長ともいうべき最高検察庁次長に任命されて、新京に赴任してきて間もない石井謹爾だった。二人のいわば親許である日本の司法省にあって、司法官試補任官年次という物差しでいえば、石井は大正四（一九一五）年で、前野の大正十三年に比して九期差の大先輩であった。

旧総合法衙（満洲国法院、検察庁などが所在）：筆者撮影

この日、前野の総合法衙への往訪の趣旨は、満洲国政府にあっては先輩である前野司法部次長が、日本内地の司法省にあっては大先輩の石井最高検察庁次長の求めに応じての、他言無用の忌憚なき意見と情報の交換のためのものであった。

石井にとっての異境の地、新京での、十年ぶり近くにもなろうかという再会を祝しあった二人は、挨拶もそこそこに、お互い安楽椅子に座っての懇談にうつったのだが、最初の話題は、当然のことながら、嘗てのこの部屋の主、平田勲前最高検察庁次長の去就に関してであった。石井は、言うのだった。

「いや実は私自身、松山の地にあって満洲国でのこのポストの内示をお受けして、取るものも取りあえず上京して東京の司法省で諸般の事情をうかがいましてね。なんでも平田先輩は、ああいう方ですから、自らの健康その任に耐えずとしてご存知のようにこの八月二十八日付だったかで、満洲国政府に辞表を提出されて日本に戻られ、九月から大審院検事にご就任の上、ご自分の病状に関しての様子見だったが、結局本復の見通しが立たず、誠に残念ながらその大審院検事職も十月一杯でお辞めになるということでありました。私としてはなにしろ、短期間での松山から東京、そして更には来満のゴタゴタで、直接お会いする時間はとれませんでしたが、平田先輩からは、私の新京での活躍に加え、前野次長始め司法省出身の方々の満洲での今後の更なる活躍をはるかに祈っている、とのご懇篤なご伝言がありました」

石井次長は、「それから」と、やや声を落として、しみじみと付け加えたのだった。

「平田先輩のご体調そのものに関しては、判然としないところも多いのですが、なんでも身近な方のお話しでは、「死ぬ前に満洲に渡って、もう一度、あの満洲大平原の西の彼方に沈む大きく真っ赤な夕陽を見てみたい」とおっしゃっておられるそうです。そんなこんなで私としては、自身がこちらに参って、そしてこの部屋から、西に沈む赤い大きな夕陽を見るたびに、平田先輩の満洲への思い入れの深さを、痛感させて頂いているような次第です」

日本と満洲のごく最近の政治社会情勢に関する意見交換にあって、とりわけ前野が興味深かったのは、この一年ほど、更に言えばこの数ヶ月程の間の、日本に於ける政治情勢の急転回、そして、日本社会にあっての戦時意識・国防意識の急高揚という現実であった。それらは、長らく満洲の地にあって、その相貌を一年一年とは言わずに新たにしていく「満洲国」を切り盛りしてきた主要人物の一人である前野にとってすら、母国日本での時の流れが、あまりにも早すぎるのではないかと、感じさせるようなものだった。

前野は石井に、端的に話し込んでいった。

「こちらに長いことおりますと、満洲ボケというか、日本内地の政局の動向などに普段あまり気が回らないのですが、それにしても今年に入ってからというか、この数ヶ月来というか、更にはこの数週間というか、次々と大きな嵐が襲いかかってきているような気がいたしております。とりわけ、満洲にも重大な影響を及ぼすであろう北進論と南進論とが交錯し合い、そして対米交渉が難航しているさなかでの、先月中旬の近衛内閣の総辞職と東條内閣の成立。もっとも、手前勝手な満洲国的観点からすれば、満洲国中に緊張感がみなぎりわたったこの夏のあの「北進論」や「関東軍特種演習」は、今となっては何だったのか、どこに行ってしまったのか、という気さえもしてきております。何でも、去る七月中旬、新設の関東防衛軍司令官に任命された、かの勇将として令名高き山下奉文陸軍中将が、つい二、三日前、南方方面派遣軍の軍司令官に任命されて新京を離れられるという噂もとんでいますし」

「細かいことかも知れませんが、新しく成立した東條内閣にあって、幸い司法省は岩村通世大臣がそのままご留任とのことではありますが、東條総理が、陸軍大臣をも兼務され、かてて加えて、内務大臣も兼任されるとか。今どきゴーストップ事件じゃないですけれども、警察・憲兵の関係もあって、内務省も何かと大変でしょうね」

「その東條総理閣下ですが、これまた満洲的視点で申し上げますと、閣下と満洲とは、ご縁まことに浅からぬものがあります。閣下は、私が昭和九年の春にこちらに参りましてから一年余経った、たしか昭和十年の秋頃だったかに、関東憲兵隊司令官として新京に着任され、それから引き続いて関東軍参謀長を歴任されて、三年半ほど前に陸軍次官に栄転されて東京に戻られたはずです。そして昨年夏に陸軍大臣になられ、このたびは、大将に進級されて、総理大臣、兼陸軍大臣、そして兼内務大臣といった訳です」

「しかも東條閣下は、憲兵組織内の人材にも恵まれておられまして、現に、憲兵組織の元締め、東京の憲兵司令部本部長の加藤泊治郎少将は、東條閣下の在新京時代、満洲各地の憲兵隊長や関東憲兵隊総務部長を歴任されておられますし、憲兵司令部本部で特高関係を扱う第二課長の四方諒二中佐は、同じく東條閣下の在新京時代の副官をつとめておられました」

「そして丁度折しも、このたびの警視庁による「国際スパイ事件」を思わせる尾崎秀實君らの検挙。尾崎君といえば、近衛前総理のブレーンの一人で、ここ満洲にあっても、満鉄高級嘱託として知らぬ人なき著名人。また、その尾崎君はといえば、かつて石井次長の上司であられた三木猪太郎元東京控訴院検事長の娘婿の菅原達郎君と東京帝大法学部同期。その菅原君は、今春、司法部から満洲帝国協和会に出向して、現在、中央本部総務部長として敏腕を発揮中ですし、同じ頃の帝大法科出で尾崎君を直接知る人物は、新京でも決して珍しくありませんからね」

「もちろん事件は始まったばかりでその本格的な解明はこれからでしょうが、満鉄、尾崎などと耳にしますと、満洲国関係者の一人としては、事件は満洲とは関係がなかったのかな、本当に大丈夫なのかな、という気にもなってきます」

二人の話題が、日本、満洲での最近事から最々近事に回ってきたところで、前野は、この際、数日前の関東憲兵隊と満洲警察とによる一斉検挙に触れておくこととした。

「すでに石井次長も検察庁ご当局より緊急重要案件としてお聞き及びのことと存じますが、実は数日前の十一月四日払暁、関東憲兵隊にあっては新京隊など十近くの各地の憲兵分隊、また、満洲警察にあっては首都警察庁など五つばかりの警察局・庁を動員した思想関係の一斉検挙がございました。検挙人数は、関東憲兵隊の方が三十名ほど、満洲警察の方が二十名ほど、計五十名ほどの大人数で、主として北満各地の興農合作社関係者や新京では興農合作社中央会、新聞・雑誌、それに若干の政府関係者も含まれているようで、今新京のあちこちでヒソヒソ話が飛び交っているようですが」

「問題の検挙容疑でありますが、端的に申しますと、いわゆる思想前歴者たちが、現在満洲国政府がその設立を推進、育成中の興農合作社や国策推進母体である満洲帝国協和会をねじろとして不穏な思想団体活動を行っていたということのようです」

「私といたしましては、本件は、基本的には満洲国の治安維持の任にあたる関東憲兵隊が、年来ひそかに取り組んできた捜査の進展結果によるものであり、現在、満洲国の司法警察としての関東憲兵隊と満洲警察による尋問・取調べが開始されているものと承知いたしております」

「それにしても、取調べとは言っても、なにしろこれだけ多数のそれなりの社会的地位にある日本人容疑者を対象としてのことでもあり、日本内地とは異なって思想関係事件には殆ど全く不慣れでもあり、かつまた取調べ要員にもこと欠いているという現状にあります。そして、当事者としてまことに申し上げにくいのですが、取調べにあたり、また検察への送致するに際しての、当該人の行為が違法なものであるとする墨縄《すみなわ》、すなわち、現行の適用法律・條項が、私自身ですら、必ずしも適当なものであるとは言いがたいと考えております。これを具体的に申し上げれば、一斉検挙者五十余名を対象として、現行の「暫行懲治叛徒法」の諸條項をそのまま適用して、取調べ、送致し、公訴を提起し（或いは不起訴とし）、そして判決を得る、といったプロセスで良いものかどうかについて、私自身が深刻な疑問を抱いているということであります」

「勿論、司法部内部にも、そして恐らく検察庁部内におかれても、今回の一斉検挙が関東憲兵隊の「勇み足」だったのではないかとする向きもない訳ではありませんが、日本内地とは異なって、治安維持の多くを関東憲兵隊に依拠せざるを得ない満洲国としては、関東憲兵隊の捜査・検挙を前提として、満洲国司法としてこれにどう対処していくかということだろうと思っており、これを要すれば、時局が時局であるだけに、取調べの段階からして、関東憲兵隊、満洲国検察、そして司法部がそれぞれの持ち分において最善を尽くしていかなくては、と存じております」

「これを具体的には、わが司法部として、これを期に、新治安立法――満洲国治安維持法といったようなもの――を早急に立案・施行に移すべく、すでに検討を開始しております。勿論、事後法の誹りを受ける訳には参りませんから、暫行懲治叛徒法と暫行懲治盗匪法とを吸収改正する形が必須でありますが、そういう基本線を維持しつつ、要すれば、満洲国司法として、使い勝手のよいものにせずばなるまい、ということであります」

Ⅱ　そして十二月八日午前七時の臨時ニュースで、大本営発表が
――帝国陸海軍は今八日未明　西太平洋においてアメリカ、イギリス軍と戦闘状態に入れり

十一月も半ばを過ぎると、狭く不潔な留置場におかれたままの五十余名の一斉検挙者たちに、日々寒さがましてきて、満洲の冬は目前だった。

関東憲兵隊にしても満洲警察にしても、尋問・取調べは、難航をきわめた。難航は、無理からぬことであった。新京憲兵隊本部にあっての情野義秀とその口から名が挙げられた四人の計五人については、何時、何処で、誰と、何を、何故、という謂わば定型的で執拗な追及がなされていたが、他の多くの検挙者の場合には、尋問・取調べの方向性そのものが、必ずしも明確ではなかったのだ。何を聞き、如何なる答えを得るべきか、取調官自体も分からないことが殆どだった。

かてて加えて、満洲国で関係処罰法規作成中とか、満洲国検察側が関東憲兵隊・満洲警察からの送致に待ったをかけているとかいった噂も流れ、事態は混沌としていた。

大陸性気候で冬の到来が早い新京市に住む市井の日本人にとって、雪の少ない乾燥した冬は、ス

フィギュアスケートで氷上を舞う敷島高女生：旧児玉公園にて
『協和運動』昭和 16 年 12 月号より。小塚光彦のライカによる撮影。

ケート万能の季節の到来でもあった。十一月の末ともなれば、学校の校庭や役所の庭などが、三十センチほどの土塁を作って中を水で満たして凍らせた急造のリンクに早変わりし、十二月になると待ちかねた子供も大人も、時間を見つけてはスピード、ホッケー、フィギュアなど、それぞれのスケート遊びに興じるのだった。

自然のスケート場としては、なんと言っても、新京駅から一キロ余南下した児玉公園（現 勝利公園）内の広い池のリンクが評判で、公園からすぐの敷島高女の女子学生たちが、優雅なフィギュアスケートを披露したりもしていた。北進論が消え去ったここ満洲、新京の地には、昭和十六年の日本内地ではもはや見かけることができなくなった平和な佇まいがまだ残されていた。

だが、昭和十六年十二月八日朝七時、新京中央放送局から流れてきた「大東亜戦争」の勃発を告げるラジオ・ニュースが、全てを変え、それから先の新京に平和な佇まいが再び立ち戻ることはなかった。

臨時ニュースを申し上げます。臨時ニュースを申し上げます。大本営陸海軍部、十二月八日午前六時発表。帝国陸海軍は今八日未明 西太平洋においてアメリカ、イギリス軍と戦闘状態に入れり

満洲の日本人社会にあっても、内地同様、世情は一変した。

真珠湾攻撃の大戦果、壮烈な特殊潜航艇九軍神物語に、十二月八日正午に渙発された「宣戦ノ詔書」にあるように、いまや在満の日本人も内地の日本人と億兆一心、聖戦完遂に邁進するに至ったのだった。

そして、現在進行中の興農合作社事件そのものの処理に着目すれば、尋問取調官たちは、いまや、一斉検挙者の尋問・取調べに際して、時局に鑑みての日本人としての国民的良心の喚起という、新たな方法論を手にすることができたのだった。

昭和十六年十二月八日の「大東亜戦争」の開始以来、帝国陸海軍は陸に海に赫々たる戦果を上げ続けていた。同年十二月中には、戦線は、マレー半島へ、香港へ、また、フィリピンへと急拡大していった。そんな慌ただしい十六年の年末にかけて、興農合作社・満鉄調査部事件の全体の流れを律する

こととなる二つの出来事があった。

その一つは、十二月二十七日付の（満洲国）治安維持法の公布・施行であり、他の一つは、満洲帝国協和会関係者にとってはまことに思いもかけないことに、暮れも押し迫った十二月三十日の、日本の熱海での、東京憲兵隊による鈴木小兵衛協和会調査部参事の検挙であった。

Ⅲ　昭和十六年十二月二十七日、治安維持法の公布・施行

昭和十六年秋の満洲国にあって、犯罪の取締りとしては、一般法としては（満洲国）刑法が、特別法としては暫行懲治叛徒法（以下「叛徒法」）と暫行懲治盗匪法（以下「盗匪法」）の二法が存する状態であったことは、前にも述べた。

昭和十六年十一月四日の興農合作社事件一斉検挙時にあっては、検挙の根拠法及び根拠條文は必ずしも明らかにされてはいないが、関東憲兵隊・満洲警察が意識していたかどうかは別として（意識していなかったことも十分あり得る）、事件の性格、そしてとくに、事件に対する適用可能性という観点からすれば、恐らく叛徒法第一條（及び又は第三條）違反容疑であった、と考えるほかはないであろう。

因みに、これらの関係條文は、次のようなものとなっていた。

（暫行懲治叛徒法）

第一條　國憲ヲ紊亂シ國家存立ノ基礎ヲ急殆若ハ衰退セシムル目的ヲ以テ結社ヲ組織シタル者

ハ左ノ区別ニ従ツテ之ヲ處斷ス

一　首魁ハ死刑

二　役員其ノ他ノ指導者ハ死刑又ハ無期徒刑

三　謀議ニ參與シ又ハ結社ニ加入シタル者ハ無期徒刑又ハ十年以上ノ有期徒刑

第三條　出版通信其ノ他何等ノ方法ヲ以テスルヲ問ハス第一條ノ目的ヲ以テ其ノ目的タル事項ヲ宣傳シタル者ハ十年以上ノ有期徒刑ニ處ス

したがって、法的事態が一斉検挙の昭和十六年十一月四日時のままで推移していたとするならば、興農合作社事件関係の検挙者は、ここに掲げる叛徒法第一條（及び又は第三條）違反として立件され、断罪されていた筈であった。しかしながら、いかにその殆どが「前歴もの」たちとはいえ、現在それなりの社会的地位のある相当数の身近の邦人たちを、「叛徒」などとのレッテルのもとに断罪していたとすれば、それはそれで、在満の日本人のいらざる不安を煽りかねないし、世論の批判を招きかねないと考えられたのも、無理からぬことであったろう。

他方、満洲国政府司法部としても、昭和十七年に満洲国建国十周年を迎える折から、治安立法の対象とするところが、いつまでも「叛徒・盗匪」では、近代国家満洲国として相応しくないとして、従来からこれら二法の改正の動きがあったのも事実であった。したがって、「泥棒を捕まえてから縄を綯う」という感なきにしもあらずだったにせよ、昭和十六年十一月四日の一斉検挙を期に、満洲国としての治安維持のための法律の制定作業が急速に進められていくことになったのだった。

かくして、一斉検挙日から二ヶ月近く経った昭和十六年十二月二十七日、満洲国皇帝溥儀の名と璽、国務総理大臣、司法部大臣および治安部大臣の副署の下に、「治安維持法」が公布・施行されたのであった（叛徒法および盗匪法は、同日付で公布・施行された治安維持法施行法によって盗匪法の一部條項をのぞいて廃止された）。

なお、前掲の叛徒法第一條及び第三條に相当する治安維持法の関係條文は、次のようなものとなっていた。

（治安維持法）

第一條　國體ヲ變革スルコトヲ目的トシテ團體ヲ結成シタル者又ハ團體ノ謀議ニ參與シ若ハ指導ヲ爲シ其ノ他團體ノ要務ヲ掌理シタル者ハ死刑又ハ無期徒刑ニ處ス
情ヲ知リテ前項ノ團體ニ參加シタル者又ハ團體ノ目的遂行ノ爲ニスル行爲ヲ爲シタル者ハ死刑又ハ無期若ハ十年以上ノ徒刑ニ處ス

第五條　第一條又ハ第三條ノ目的ヲ以テ其ノ目的タル事項ノ實行ニ關シ協議シ若ハ煽動シ又ハ其ノ目的タル事項ヲ宣傳シ其ノ他ソノ目的遂行ノ爲ニスル行爲ヲ爲シタル者ハ死刑又ハ無期若ハ三年以上ノ徒刑ニ處ス

これまでも述べてきたように、興農合作社事件関係者一斉検挙の十六年十一月四日と、治安維持法公布・施行の十二月二十七日との間には、二ヶ月近い時間差が存していた。よしんば治安維持法が叛徒法の改正法であって、しかも（満洲国）刑法第八條において「犯罪後法律ノ變更アリタルトキハ新法ヲ適用ス」と規定されていたにしても、満洲国の司法警察機関である関東憲兵隊（または満洲警察）から満洲国検察庁への送致等の法手続を新法施行以前に行っていたとすれば、司法実務上種々混乱が生じるおそれがあったことは、容易に想定しうるところであった。

いま一つの留意点は、刑法第八條が前述の「犯罪後法律ノ變更アリタルトキハ新法ヲ適用ス」の前段に続いて、後段で「但シ舊法ニ定メタル所ヨリ重ク處斷スルコトヲ得ス」との一般原則を規定していることである。このことは、言うまでもなく、旧法が適用できない時は、新法も適用できないことが前提となっており、興農合作社事件関係者の一斉検挙の処罰対象たる何らかの「違法行為」が新法施行以前のものであることは、紛れもない事実であるから、「法治国家」満洲国として、十六年十一月四日一斉検挙者に対して事後法である改正新法を無條件に遡及適用する訳にはいかず、「新法、旧法のいずれの要件にも該当するが、新法、旧法の関係條項の刑罰を比較したのち、新法の刑が軽いか等しいので、新法である治安維持法に定める刑罰を適用する」という論理構成をとらざるを得なかった。

このような前提の下に、改めて叛徒法と治安維持法とを比較対照してみよう。

國體ヲ變革スル＝國憲ヲ紊亂シ國家存立ノ基礎ヲ急殆若ハ衰退セシムル？

まず当該法律の根幹である第一條の目的についてであるが、叛徒法にあってのそれは、「國憲ヲ紊亂シ國家存立ノ基礎ヲ急殆若ハ衰退セシムル」であり、治安維持法にあってのそれは、「國體ヲ變革スル」となっていて、ここにはじめて、キーワードたる「國體」が登場したのである。法律の適用に当たって、もっぱらその解釈権を有する司法当局側の立場からすれば、治安維持法は叛徒法の改正法なのだから、本来、この前者の目的と後者のそれとは、相等しい筈であり、それにあえて異議を唱えることはない、ということなのかも知れない。しかしながら、取り締まられる側の立場からすると、これら両者がイコールだとは必ずしも言えないのではないかと思えてならないのだ。

これを具体的には、例えば、興農合作社事件にあって六名が、満鉄調査部事件にあって二十名が適用・断罪された治安維持法第五條の宣傳罪にあって、「國憲ヲ紊亂シ國家存立ノ基礎ヲ急殆若ハ衰退セシムル目的ヲ以テ其ノ目的タル事項ヲ宣傳シ」と、「國體ヲ變革スルコトヲ目的トシテ其ノ目的タル事項ヲ宣傳シ」とが、はたして同一要件なのだろうか、という素朴な疑問である。つまりは、ごく常識的に考えて、ある宣伝行為について、それが、余程のことでない限り、前者に該当する宣伝行為とはならないであろうが、それ程大したことでなくとも、ひょっとして後者に該当する宣伝行為となってしまうのではなかろうか、ということなのだ。

そして、このような、いわば取り締まられる側のシロウト的な疑問が、単なる杞憂でなかったことが、第十三章などの後々の行論で、次第に明らかとなっていく。

目的遂行罪等の追加と極刑の追加

更に、このような字義ないし意味合いとは別に、治安維持法第一條にあっては、「團體ノ結成又ハ團體ノ謀議參與、團體の指導、團體の要務処理、團體への知情參加」などの團體に直接関与することに加えて、従前の叛徒法には存しなかった「（情ヲ知リテ）團體ノ目的遂行ノ爲ニスル行爲ヲ爲ス」ことをも加罰対象行為として「死刑又ハ無期若ハ十年以上ノ徒刑ニ處ス」こととしたのだった。

よく知られているように、わが国にあって、この目的遂行罪は、昭和三年の三・一五事件を契機として、同年六月二十九日、勅令により追加改正されたもので、以後、反体制派の取締りに猛威を振るった條文と全く同じであったが、罰則は、わが国の場合が「二年以上ノ有期の懲役又ハ禁錮」であったものが、満洲国の場合、「死刑又ハ無期若ハ十年以上ノ徒刑」と、著しく苛酷なものとなっていた。

また、治安維持法第五條は、叛徒法第三條にあっての「目的タル事項ノ宣傳」に加え、「實行ニ關シ協議」、「煽動」、「其ノ他ソノ目的遂行ノ爲ニスル行爲」などをも広く加罰対象とし、しかも罰則を「十年以上ノ有期徒刑」から「死刑又ハ無期若ハ三年以上ノ徒刑」へと、極刑たる死刑をも含んでの、司法の裁量の余地を極めて大きなものとするものだった。

前述の治安維持法第一條の目的遂行罪にしても、また第五條の宣傳罪に対する罰則の「死刑又ハ無期」にしても、法理上、昭和十六年十二月二十七日の治安維持法施行前の行為には適用されないものではあるが、特に法律の専門家ではない普通人にとっては、事前事後の別なく、例えば既往の宣傳罪にも死刑が適用されるという受け止め方をされて、絶大な威嚇効果を持つ改正となったのだった。

いずれにしても、関東憲兵隊を含む治安当局側としては、いわば待ちに待った事件処理のための墨《すみ》縄《なわ》たる法律＝治安維持法が施行され、停滞する事態打開への歩みが始まることとなった。

Ⅳ　昭和十六年十二月三十日、鈴木小兵衛の熱海での検挙

満洲国にあって治安維持法が公布・施行されて二、三日後の、暮れも押し迫った十二月三十日早朝、日本内地の、それも温泉保養地、静岡県熱海市でのことだった。当時の日本は、十二月八日朝の米英との開戦を告げる大本営発表を皮切りとして、連日、香港や南太平洋方面への日本軍の進出勝利を伝える大本営発表に沸きに沸きかえっていた。そんな中を、鈴木小兵衛協和会調査部参事が、熱海で、東京憲兵隊によって検挙されたのだった。

彼は、十一月四日の興農合作社事件関係者の一斉検挙の際には、新京にいたものの、関東憲兵隊や満洲警察による検挙対象とはなってはおらず、以後も、通常の調査業務に従事していた。そしてたまたま、十一月中旬、ハルビン付近での出張調査に際して自動車事故により重傷を負い、そのため日本に戻って熱海で転地療養中のところであった。

東京帝大新人会出身の鈴木小兵衛は、昭和八年、治安維持法違反として執行猶予付の有罪判決を受け、以後、著述に専念。昭和七、八年頃に岩波書店から刊行された『日本資本主義発達史講座』に、国際情勢および植民地政策・民族運動に関する二論文を執筆掲載していたいわゆる「講座派」の論客の一人。そして昭和十年には、自身、四百頁近くに達する、晦渋で半封建的、半植民地的などの用語がちりばめられている『満洲の農業機構』を出版し、同年末に満鉄調査部入りをしていた。この満鉄調査部入りは、このような彼の著述活動業績の成果でもあった。以後の鈴木小兵衛の身柄・動向につ

いては、第三章などでも記述してきた通りである。

彼の、十一月四日の一斉検挙後二ヶ月近く経ったこの期に及んでの検挙の理由とされたのは、一斉検挙された興農合作社関係者の多くが、関東憲兵隊による尋問の際、彼らの活動にバイブル的な大きな影響を与えた本として、佐藤大四郎の『綏化縣農村協同組合方針大綱』や『滿洲に於ける農村協同組合の建設』とともに、鈴木小兵衛の前記『滿洲の農業機構』を挙げていたことによる。

鈴木小兵衛は、憲兵に護送されて熱海から東京に戻り、東京憲兵隊にて、当該検挙が関東憲兵隊よりの依頼によるものとの通告を受け、改めて人定尋問の上、東京憲兵隊留置場に留置され、そこで年末年始の数夜を過ごす。そして、年が明けた昭和十七年一月初旬、極寒期の新京に移送され、新京憲兵隊留置場での尋問・取調べが開始されたのだった。

日本でも暖地の熱海での転地療養から、極寒の新京の留置場へ。鈴木小兵衛にとっては、身辺の環境が、全て大きく変わってしまうことになった。身辺環境のみならず、尋問官などの話では、年末に新しく施行された治安維持法によれば、現地での團體活動だけではなく文筆活動にあっても、違法と認定されると、死刑が科せられることになったということで、心理環境としても、総身に粟立つ状況下に置かれることとなったのだった。

前項の十二月二十七日の治安維持法の公布・施行が、満洲国司法として、興農合作社事件関係者の訴追準備が整ったことを告げたものであるとすれば、ここにきての、現地活動には全く関係のない、いわば書斎オンリーの鈴木小兵衛の検挙は、治安維持法第一條の團體結成罪とは一応別の、同法第五条に規定される（また叛徒法第三条にも存していた）宣傳罪による訴追の可能性が、当局の視野に入ってきたことを物語るものであり、そしてまた、それが、のちに、興農合作社事件とは一応別筋の、満鉄調査部事件の追及の糸口となっていったことは、後述の通りである。

V　昭和十七年の年始、協和会中央本部総務部長室にて

盟邦日本からの戦勝報道に次ぐ戦勝報道の中、在新京の協和会中央本部も、会務職員の皆が皆、晴れがましい気分で昭和十七年の初春を迎えた。大講堂での三宅光治中央本部長の全職員に対する「大東亜戦争下 年頭にあたって」との訓示が終わった後、菅原達郎総務部長、坂田修一調査部長、解良武夫総務部人事科長の三人が、総務部長室に集まった。関東憲兵隊よりの、鈴木小兵衛協和会調査部参事の検挙の通報に対応して、協和会としての善後策を緊急に協議するためだった。

総務部長室で、まず坂田調査部長が、「このたびは、調査部の鈴木参事がご心配をおかけすることに相成りまして…………」と切り出しかけたのに対して、菅原が言った。

「坂田君、いいよいいよ。誰も君の責任だとは思っていないから。それよりも、今回の事態のよって来たる所以を直視して、われわれが共通認識をもって善後策を講じていかなくてはと思っているわけさ」

「関東憲兵隊が満洲国協和会に通報してきたのは、「関東憲兵隊の依頼に基づき東京憲兵隊が、

鈴木小兵衛参事を熱海で検挙し、鈴木参事は、近々、新京に移送されてくる予定」とのことだけ。検挙の理由其の他の詳細については、勿論、一切の言及はなかった」

「昨年十一月四日の東安省の熱田君、熱河省の安井君に加えて、このたびは遂に中央本部からも鈴木君が検挙されるという事態と相成ったが、彼等それぞれの今後がどうなるかに加え、問題は、鈴木君以外に更なる協和会関係の波及検挙があるかどうか、そして、そのこととも関連するが、われわれ協和会として、如何なる対応策をとるべきかということだと思う。事態が不分明であるし、鈴木君といえば、小生と同時期の帝大卒だけに、お二人にとっては言いにくいことも多いかも知れないが、そこはなお一層、この場限りということで、この際、お二人の率直な意見・見通しを聞かせておいて貰いたいのだが」

坂田が、「それでは私から」として始めた。

「昨年十一月の一斉検挙以来、私としましては、本件の動向を、そう言ってはなんですが、大変興味深く観察させて頂いております。その一つは、勿論、本件が協和会がらみであることからする関係当事者として、という観点からですが、いま一つは、私も法学士の端くれとしまして、満洲国法制が、本件に対応可能かどうか、これだけ大人数の検挙者を満洲国司法はどう処理して行くのだろうか、という、ややさめた目もあるわけです」

「私としましては、一斉検挙の際に、なぜあの熱田東安省事務長が検挙対象者になったのかが、ずうっと腑に落ちなかったのですが、その後の解良君などとの情報収集の結果から、もしやと思っていたことが、今回の鈴木参事の検挙で、やはりそうに違いないと思うに至った次第です」

「それと言うのは、総務部長が、昨年、協和会にお見えになる以前、ということは協和会機構大改革以前ということですが、協和会の総意として、昭和十五年の一年間、旧実践部に「嘱託室」を設けて、協和会外部の有識者を協和会嘱託に依嘱して、そこで農業・農村問題を始めとする協和会の当面する重要課題や今後の協和会活動の方向等についてご議論頂いたことがありました。「嘱託室」では、嘱託の皆さん方にお集まり頂く週一回の定例会議を開催していましたが、その運営の主幹が当時の実践部実践科長の熱田基君で、実践部や企画局の有志が、熱田君をサポートする、という形でした。「嘱託室」そのものは、昨年年初の協和会機構大改革に伴い、旧実践部とともに不存在ということになった次第です。そしてその際、「嘱託室」をサポートしていた有志職員の多くが、機構大改革に伴って政府機関や公的団体などへの配置転換になりました。十一月四日に一斉検挙された、佐藤太一、有馬好男、堀昇、和田一義などの協和会以外の諸君も、実は、その際の協和会からの配転組でありました。そして、熱河省本部の安井清隆君も、「嘱託室」出入り組の一人。逆に言えば、昨年春の機構大改革に伴う配置転換なかりせば、熱田君を頭にして、相当数の協和会中央本部所属の職員が一斉検挙される、という組織として容易ならざる事態となっていたであろう、と思われます」

「そして、「嘱託室」関係者検挙の打ち止めが今回の鈴木小兵衛参事ではないのか。彼は、昭和十五年当時、最初の半年ほどは、大連の満鉄調査部に所属して、嘱託として週一の定例嘱託室会議に、大連から出張出席していたのだが、たしか夏頃に満鉄調査部から協和会に移籍して中央本部企画局第三科長として、以後の昭和十五年の後半期には、「嘱託室」活動に熱心に取り組んでおりました」

「菅原総務部長には、丁度そういった状況下、昨年年初に、取り敢えず中央本部企画局長として協和会にお見え頂いた訳でして、それ以後の鈴木参事については、私から申し上げるまでもなく、直接、ご存知の通りであります」

「このように、最近の協和会、その中での「嘱託室」の推移・変遷を間近でみて参った私として、広い意味での協和会関係一斉検挙者に今回の鈴木参事を加えて、顔触れとしては、まあこんなところかと思うのです。しかしながら、実体的にと申しますか、こういった顔触れの人たちが、如何なる違法行為をしでかしたのか、それが目下のところ、私としては、皆目見当が付きかねるといったところが、偽らざるところであります」

「確かに、昭和十五年の七月末でしたか、「嘱託室」で活躍していた実践科員の平賀貞夫君が――彼はその四月の人事異動で、協和会綏化縣事務所から実践部実践科にやってきたばかりだったのですが――東京警視庁によって検挙されるという事件がありました。だがあの件は、日本国に於ける彼の既往の犯罪ということで、彼が、協和会で、新たに「嘱託室」をねじろとして何かたくらんでいた、そして、先般来の「嘱託室」関係者が、そのたくらみに同調していたとは、到底思えないのです。因みに、昭和十五年頃の『協和運動』誌に、平賀貞夫君を含むこれら「嘱託室」関係者の論考が多数掲載されており、私も、今回、改めて読み直してみたのですが、鈴木参事の「我國の農民問題に就て」と題する長大論文を除いては、いわば「雑感」的なものでありま

（26）　満洲評論　第二十一巻第一七號

創刊拾周年記念特輯

大陸政策十年の検討

座談會

尾崎秀實
鈴木小兵衛
橘樸
平貞藏
土井章
細川嘉六
（イロハ順）

土井　ではこれから始めます。今度、栗原君がやつて來て、今年は丁度滿洲事變十周年記念だし、評論の十周年記念だから皆さんのお話を求めて歸りたいといふ話でござゐました。田中君が一人で大變に頑張つて居りますので、是非さういふ風に願ひたいと思つて始めました。それで問題ですが、最近滿洲の中堅といひましても、十年經つた今日、實際事變といふものを知らないで居る人が非常に多いと思はれます。だからこの際、滿洲事變前に色々な事件が起りましたが、さういふやうなものは成功せず、この事變に依つて實を結んだといふやうな原因は何處から來て居るだらうか、この時に於ける日本の立場といふものはどうだつたか、而も滿洲事變の延長としての支那事變といひますか、當時は延長といふやうな考へはなかつたと思ひますが、

（27）　満洲評論　第二十一巻第一七號

（土井）（鈴木）（平）（細川）（尾崎）（橘）

の延長になつてしまつたが、このやうな事態に對して日本はどういふやうに終始して行つたか、といふやうな、問題をお話願ひたいと存じます。如何でしやうか。このまゝでは滿洲は手も足も出ないとも云はれてゐますが、それだけに今お願ひする問題を滿洲でも非常に期待して居るのではないかと思ひますが……。

尾崎　手も足も出ないのは滿洲だけではないですね。つまり色々な所に手や足を出したので、結局手足の出す餘地はなくなつたし、問題は手足でなくなつたといふ所に來て居るのではないかと思ふのですね。

鈴木　今の土井さんのいつたことはつまり滿洲事變をスタートにした、日本を中心にした所謂興亜運動といふやうな發展過程、而もさういふやうな滿洲事變・支那事變・最近の事變といふやうに發展して、所謂一つの運動として來た論理の政治力の發展過程として來た譯だと思ふのですが、所がさういふ發展の一番基礎になるべき對象が取殘されて、肝心の政治力といふものが纏まりにされつゝ經過して來たやうに思ふのですが、その時の矛盾が、尾崎さんのお話の點になつて居るやうに思ふのです。而もそれを修正する方法なり努力なりが色々な形で事變當時にも色々起つたし、又事變後の一番の安定期にも起つたし、最近の新體制の運動もさうした線で起つてきたと思ふのですが、一應發展過程として見ていゝ譯ですか。

土井　結構です。

鈴木　滿洲事變當時のことは我々は一向分らないのですが……。

土井　橘さんに一つ貴重な記録としてお話を願ひたいと思ひます。

滿洲事變の核心

『滿洲評論』昭和16年10月28日号

して、これといった深い内容のものは見当たりませんでした。ということで、先程来の協和会関係検挙者についていえば、実は、私としては、今回の検挙劇は、関東憲兵隊や満洲警察の思い過ごしのような気がしてならないのですが」

「しかしながらと申しますか、今回の鈴木参事の検挙そのものについては、私としては、それはそれで何か不吉なものを感じているのです。その一つは、鈴木参事は、農業・農村問題の専門家ではありますが、現地活動派というよりは書斎派とでもいうか、いわば物書きオンリーで、これまでの興農合作社関係者を中心とする一斉検挙者とはタイプが違っていることがまずあります。それと、鈴木参事は、以前から、常勤嘱託やら何やらで、協和会とは関係が深くはありましたが、基本的には満鉄調査部での職

歴なり人脈のお有りの方ですから、今回の検挙は、協和会がらみというよりも、むしろ満鉄調査部でのお仕事がらみの可能性が高いのではないかと、思い始めているところです」

「それにしましても、昨年十二月二十七日に、治安維持法が公布・施行されたことでもあり、私としましては、何はともあれ、これまで遅延に遅延を重ねてきた本件処理が、進んでいくことを期待している訳です」


この坂田の意見に対して、菅原が次のような自分の考えを述べた。

「率直な意見を有り難う。坂田部長の意見には、私としても思いを同じくするところが多い。たしかに、一年前の機構大改革・大人事異動なかりせば、坂田部長の言うように、中央本部から六、七人の検挙者が出ていた訳で、組織としての責任問題にもなりかねなかった。そういう意味で機構大改革は、思わざる副次的効果があったという訳だ」

「それはそれとして、ただ一点だけ協和会関係一斉検挙者についていうと、坂田君の気持ちはそれなりに分かるのだが、他方で、私と帝大法科同期の満鉄嘱託尾崎秀實君の国際スパイ事件のこともあるしね。満洲国関係でも、スパイ事件の一味の一人が、四平街に住んでいて、十一月の中旬だったかに警視庁に検挙されて日本に連行されていったということだし。また、たしか昨年十月末刊行の『満洲評論』に、「大陸政策十年の検討」と題して、橘樸さんら六、七名の東京銀座での座談会記録が掲載されていたが、尾崎、鈴木の両君もこの座談会に有力メンバーとして参加していて、この旧知の二人とも、それぞれ、それなりの論陣をはっていた。尾崎君は、満鉄の高級嘱託として有名で、満鉄は、彼に、東京支社で秘書付のオフィスを提供していたしね。坂田君の言う協和会の「嘱託室」だって、尾崎君からの外部指導を仰いでいたこともあるとのこと。などなど、尾崎君と満洲国との関連だけでも、まだ未解明のことが多いんじゃないかな。そして、関東憲兵隊としては、東京の憲兵司令部本部とはいつもツーカーのはずで、満鉄や尾崎関連で、東京からどういった満洲通であられる東條総理大臣閣下直々の意を受けた情報なり指令なりが入っているやも分からんしな」

「治安維持法についても、同じ思いだ。ただし、これまたただし、になってしまうが、折角治安維持法が公布・施行されて、事件処理の礎石ができたとはいうものの、日本内地と違って案件処理のための尋問・取調べなどにあたる要員が、質量ともに絶対的に不足しているからね。それに、結構厄介な旧法、新法の適用可能性比較論も残されているし、私としては、これで事件処理が、どんどん進むという訳にもいかないだろうと思っているのさ」

解良人事科長が、「折角の機会ですので、この際、東京で長らく裁判官を務められた、法律の専門家であられる菅原総務部長に質問させて頂きたいのですが」として続けた。

「実は、先程来、お二人の間で話題となっている、この度公布・施行された「治安維持法」についてですが、ざっと拝見しますと、殆どの罪に対して死刑や無期懲役が科せられる大層厳罰主義的な法律だと思われます。そこで、シロウト的で大変恐縮ですが、それはお許しを頂いて、今回の一斉検挙者に対しても、この厳罰主義的法律がそのまま適用されることになるのでしょうか」

菅原は言った。

「それへの答えは、イエスでもあり、ノウでもある。イエスというのは、（満洲国）刑法には「犯罪後法律ノ變更アリタルトキハ新法ヲ適用ス」とあるから。ノウというのは、これに引き続いて「但シ舊法ニ定メタル所ヨリ重ク處斷スルコトヲ得ス」とあるから。例を挙げると、ある犯罪に対して、旧法では「十年以上ノ有期徒刑」、新法では「死刑又ハ無期若ハ三年以上ノ徒刑」とあった場合、新法の「死刑又ハ無期若ハ三年以上ノ徒刑」を適用するものの、「死刑又ハ無期」に処することはできず、「十年以上」を含む「三年以上ノ徒刑」に処することになる。因みに、この新たな「徒刑三年」というのは、わが満洲国の裁判にあって情状によっては執行猶予とすることができると言う意味から、一見些細だが、刑事裁判上、実質的に重要だと思われる。などなど、一口にいうと、新法は、たしかに厳罰主義的ではあるが、司法の裁量の余地が随分と大きくなったということではあるのです」

「もう一つ誤解し易いのでこの際説明しておくと「犯罪後法律ノ變更アリタルトキハ新法ヲ適用ス」とある「犯罪」とは、あくまで旧法所定のものであって、はやく言えば、旧法に書かれていないものは、「犯罪」ではない。新法において今回新たに付加された、例えば治安維持法第一條第二項の「目的遂行罪」などは、刑事法上のいわゆる事後法であるから、この條項を治安維持法施行前の行為に、遡及適用することはできないのです。さきほど私が、「旧法、新法の適用可能性比較論」といったのはこのことで、実はこれが結構厄介ではないかと見ているけれどもね」

「それから、日本の治安維持法と比較して、厳罰主義的であるのはたしかにそのとおりだ。だが、私が司法部に籍を置いていたからいう訳ではないが、満洲と日本とでは、それぞれ取り巻く内外事情に著しい差があることも事実。例えば、満洲は、日本と違って、長大な国境線で仮想敵国に囲まれていて敵性外国人や工作員などの潜入、潜伏が容易であるし、また、国内的にも、多民族国家の宿命として、未だ匪賊とか、反国家的な団体を数多く抱えていることも事実だ。その上、法技術論としても、思想犯のように暴力を伴わない犯罪に対する取締法律が、日本に比べてはるかに未整備でもある。そういった大東亜戦争下、思想戦のもろもろを、差し当たって、新治安維持法で対処しようとしているのだ、とも思えるのです」

菅原は最後に「ところで」、として言った。

「今後、協和会からこれ以上検挙者が出るかどうかは分からないが、それはそれとして、ことここに至れば、我々としては、いたずらに右顧左眄せず、平常心をたもって業務運営に当たっていくほかかないだろうな」

「差し当たって人事面の対応策としては、鈴木参事は当面休職扱いとしておくとして、熱田君の場合は、総務部付として、協和会東安省事務所長には、然るべき者を新たに発令することとしてはどうかな。解良人事科長の方で早急に案を作って相談してくれ給え」

「もう一つ言うと、私は、鈴木参事の替わりにということではなくて、協和会として、満洲の農業・農村問題を心底から考えてくれる専門家を必要とすると思っていて、心当たりもないでもないが、お二人も何かあったら是非然るべき案を持ってきてくれ給え」

第七章　盟邦日本の相次ぐ戦勝報道のなかで

Ⅰ　遅々として進まぬ事件送致

興農合作社事件一斉検挙があったのは、昭和十六年十一月四日、陸軍大将東條英機内閣成立の半月後のことであった。この一斉検挙時から、盟邦日本の内外情勢は大きく動いて、一ヶ月余の十二月八日には、米・英・蘭に対して宣戦を布告する大東亜戦争開戦の詔勅が発せられた。戦争勃発直後の、わが機動部隊によるハワイ、オアフ島の真珠湾攻撃や、翌々十日のマレー沖海戦でのイギリスの誇る新鋭戦艦二隻――プリンス・オブ・ウェールズ、レパルス――の英東洋艦隊の撃滅などを初めとする連日のごとき大本営発表によって、日本国民の全てが、文字通り血湧き肉躍らせていた。満洲国在住の日本人も、思うところは同じであった。

同年十二月中には、大東亜戦争の戦線は、マレー半島へ、香港へ、また、フィリピンへと急拡大していった。暮れの二十五日のクリスマスには、英領香港が陥落した。そして年が明けた昭和十七年一月二日、本間雅晴中将指揮下の第十四軍は、フィリピンの首都、大マニラを占領した。

他方、山下奉文陸軍中将は、昭和十六年七月、新京に配備された新設の関東防衛軍司令官に任命されていたが、十一月六日、第二十五軍司令官への転任命令を受けた。その第二十五軍は、十二月八日の開戦劈頭のマレー半島北端コタバルへの奇襲上陸以来、イギリス軍の抵抗を排除しながら快進撃を続けてマレー半島一千一百キロを踏破し、一月末には、マレー半島南端の都市、ジョホールバルを占領した。かくして昭和十七年二月は、マレー半島作戦の最終戦略目標、イギリスが東洋一を誇る軍事拠点、シンガポール島攻略戦の月となった。

昭和十七年二月十五日、イギリス軍司令官パーシバル中将が、日本軍司令官山下奉文中将に降伏して、シンガポール島攻略戦は終わった。盟邦日本の至る所で、シンガポール陥落を記念・祝賀する提灯行列が繰り広げられた。厳冬期、雪と氷漬けの満洲にあっては、流石に提灯行列という訳にはいかなかったが……。

北満の興農合作社関係者を中心とする五十余名の、満洲の厳冬の中の捕囚、尋問・取調べも、すでに百日間を超え、ここに至ってようやく関東憲兵隊から新京高等検察庁への事件送致第一陣が具体化していった。

Ⅱ　秘密結社無名中核体五名の事件送致とその後

遂にというか、やっとというか、シンガポールの陥落後半月ほどした冬の終わり、一斉検挙後百日余にして、その時がやってきた。満洲国の司法警察機関である関東憲兵隊が、興農合作社事件に関して、満洲国検察に対してとった最初の措置、すなわち、「秘密結社無名中核體の組織者情野義秀以下五名は、取調べの結果犯罪事實明瞭となれるを以て、一件書類と共に身柄を昭和十七年二月二十八日新京高等検察廳に事件送致した」（『関憲報告』531）が、それであった。

　興農合作社事件送致の第一陣、秘密結社無名中核体五名というのは、昭和十六年十一月四日の一斉検挙以前、同年十月十三日に検挙された情野・義秀北安省興農合作社聯合会職員自身と、これに加うるに、その情野が一斉検挙以前、新京憲兵隊の尋問にあって、すでに当該人名を供述していたために検挙された、いずれも興農合作社や同聯合会職員の岩間義人、井上林、進藤甚四郎、田中治の四名。みな、昭和十五年七月に東京警視庁によって検挙された平賀貞夫満洲帝国協和会実践部実践科員の「一味＝仲間」であった。犯罪容疑は、治安維持法の根幹である第一條第一項に定める「國體ヲ變革スルコトヲ目的トシテ」、秘密結社無名中核体という「團體ヲ結成（結社ヲ組織）シタ」とするもので、法定刑が「死刑又ハ無期徒刑」である重大事件の送致であった。客年十一月四日以来、五名の各容疑者をそれぞれ尋問供述させ、その内容（手記）を突合することなどによって「犯罪事實」が「明瞭となる」までに百日余をも要したのであった。

　この関東憲兵隊よりの正式「事件送致」を受けた新京高等検察庁は、三月三日、同庁次長名をもって東京刑事地方裁判所検事正に対して本件の指導的中心人物であった平賀貞夫の捜査を嘱託し、それにあわせて、同庁より藤井勝三検察官、関東憲兵隊統括班より松本満貞少佐および中村哲夫少尉の計三名が東京に赴き、取調べの細部連絡の結果、平賀貞夫は、本件の顚末の一切を供述するに至ったのだった（『関憲報告』531）。

前述の経過を平ったくいえば、天下の関東憲兵隊が、その組織の総力をあげて、五十余名を一斉検挙し、満洲の長く寒い一冬を、尋問・取調べで過ごした挙げ句、治安維持法の根幹、かつ、本筋である第一條第一項（團體結成）違反容疑で満洲国検察当局に送致することができたのは、五十余名中の僅かに五名に過ぎなかったということである。そして、この中核体一味についてみても、満洲国検察当局としては、検挙した五名の供述のみをもってしては必ずしも証拠が十分とは考えず、中核体の中心人物と目されてはいるものの、東京にあって勾留状態におかれている平賀貞夫の証言が必要であるとして、満洲国検察から日本国検察へ捜査嘱託を行い、かつ、満洲国検察官と関東憲兵隊担当者をして東京へ派遣して取調べ細部連絡を行わしめ、ようやくその後の起訴が可能な状態に持って行くことができたのだった。

五名の中核体関係者を除く他の興農合作社関係検挙者や、新たに検挙した協和会の鈴木参事を含む「嘱託室」関係者をいかに締め上げてみたところで、肝腎の治安維持法第一條第一項に定める「國體ヲ變革スルコトヲ目的トシテ」、「團體ヲ結成（結社ヲ組織）」したと目される人物は全くおらず、治安維持法第一條第一項適用問題に関しては、第一陣はあっても、第二陣の可能性は、もはや考えられなかった。であるとするならば、事態がこのままにして推移せんか、五十余名マイナス中核体五名の検挙者たちは、関東憲兵隊にとってのいわば「不良資産」と化して、最終的にはやむを得ず釈放せざるを得ないこととなる。そうなれば、いくら何でも、輝ける関東憲兵隊の面目が丸つぶれとなるおそれすらあったのである。

Ⅲ　治安維持法第五條に定める宣傳罪

昭和十七年に入って、熱海から新京に移送されてきた協和会調査部参事鈴木小兵衛の新京憲兵隊にての尋問・取調べが進み、他方、中核体五名の事件送致の準備が進むにつれて、治安維持法第一條第一項以外の條項の適用問題が浮上してきた。治安維持法第五條に定める宣傳罪がそれであった。治安維持法第一條第一項は、暫行懲治叛徒法第一條とほぼ同趣旨であったから、中核体五名については、治安維持法第一條第一項違反としての事件送致が比較的容易だったのだが、同法同條第二項後段は、暫行懲治叛徒法には規定されておらず、いわゆる事後法であった。また、治安維持法第五條と暫行懲治叛徒法第三條とを比較対照してみると、前者にあっての「其ノ目的タル事項ノ實行ニ關シ協議シ若ハ煽動シ」の部分――フリーハンドで考えればその適用がより容易かつ適切だったかもしれない「協議罪」や「煽動罪」――が、後者にあっては不存在で、「宣傳罪」以外の部分は同じく事後法といえた。従って、消去法的に考察を進めると、治安維持法によって、昭和十六年十二月二十七日のその公布施行前の行為を処罰しうるのは、同法第一條第一項の「團體結成罪」と、「團體」の存在を前提とする同條第二項前段の「團體參加罪」、そして同法第五條中の「宣傳罪」に限られることとなり、「團體結成罪」と「團體參加罪」への道が閉ざされれば、法理的に残るは「宣傳罪」のみ、とならざるを得ない。かくして、中核体五名を除く残余の興農合作社事件検挙者の法的処理に関する事態は、治安維持法のもとでの「宣傳罪」適用問題を中心として動いていき、更には「宣傳罪」に関連して、新たに「満鉄調査部事件」追及の展望が開けてきたのであった。

第八章　昭和十七年春、新京で

長く厳しい冬が去って、昭和十七年の春が訪れた新京では、「興農合作社・満鉄調査部事件」全体の流れとして、回顧的に見ても、冬の眠りからさめた、あい関連する新しい動きが出てきた。その一が、新京高等検察庁による中核体五名の早々の起訴、その二が、鈴木小兵衛の満鉄調査部関係者の告発開始、そしてその三が、関東憲兵隊からの佐藤大四郎の「宣傳罪」容疑による事件送致であった。なお、佐藤大四郎のそれは、一斉検挙者についての二月二十八日の中核体五名の送致に次ぐもので、また、「宣傳罪」容疑による事件送致の最初のケースであり、以後の「送致」の先例となった。以下、順次、これらについてみていくこととする。

I　新京高等検察庁による中核体五名の起訴

昭和十七年四月十六日、新京高等検察庁は、同年二月二十八日付をもって司法警察機関たる関東憲兵隊より事件送致のあった「岩間義人外四名に對する（在満日系共産主義運動関係）治安維持法違反被告事件」に関し、一月半をへての新京高等法院へ公訴提起（岩間義人ら五名の起訴）を行った。

起訴状は、岩間義人、井上林、情野義秀、進藤甚四郎、田中治の順に五通となっているのだが、当該人の本籍、住所、職名と、冒頭の本人の近年の経歴を除くと、全くの同文となっていた（細かく言えば、文中「志ヲ同シクセル平賀貞夫」に、当該人以外の四名の名が続く部分がそれぞれに異なってはいるが）。

因みに、岩間義人の起訴状にあって、彼の近年の経歴に続く「罪状」の部分は、次の通りであった。

………現在ニ及ヒ居ルモノナルトコロ渡満後に於テモ尚依然其ノ抱懐スル共産主義思想ヲ正當ナルモノトシテ其ノ信念ヲ變ヘス…………斯ル情勢下ニ於ケル世界革命ノ遂行ノ爲ニハ先ツ日満支ニ於テ日本共産黨及中國共産黨ノ有機的連携ヲ通シテ各其ノ地ニ於ケル同時武装蜂起ヲ決行スルコトヲ以テ先決條件ト解シ茲ニ其ノ目的實現ノ爲志ヲ同シクセル平賀貞夫、情野義秀、進藤甚四郎、井上林、田中治等ト共ニ康徳七年四月上旬哈爾濱市義州街天満ホテルニ於テ相會合シ現ニ分散状態ニ在ル我國日系共産主義運動ノ指導統一ヲ圖ル爲ノ中核體タル「核」ヲ結成シ當面ノ運動方針トシテ

（一）満洲國ヲ北満地方ト南満地方ニ分チ…………在満日系共産主義者及満系優秀分子就中満洲國軍、満系警察官其ノ他満系青年優秀分子等ヲ漸次獲得シテ組織ノ確立ヲ圖ルコト

（二）日本内地ノ同志ニ對シ運動資金ヲ提供シテ日本共産黨ノ再建運動ニ資スルコト

（三）日本内地ノ同志及在中國共産主義者ト緊密ナル連絡ヲ保チ情報ノ蒐集ニ努ムルコト

(四)合作社運動ヲ支持シテ農民ノ階級意識ヲ昂揚シ漸次之カ組織化ニ努ムルコト
(五)在満左翼的色彩ヲ有スル各種合法研究團體ヲ利用シテ之ヲ自己ノ陣營ニ導入スルコト
(六)「核」ノ運動綱領決定ノ爲之ニ要スル研究題目トシテ
(イ)満洲ノ金融資本ト土着資本トノ關係
(ロ)農村ノ階級構成
(ハ)土地制度
(ニ)小作慣行
等ニ就キ夫々分擔研究ヲ爲スヘキコト
等ヲ協議決定シ以テ被告人ハ右記五名ト共ニ我國ノ國體變革ヲ目的トスル無名ノ秘密結社ノ組織ヲ爲シタルモノナリ

この起訴状において見られるように、「其ノ目的實現ノ爲志ヲ同シクセル平賀貞夫」らの六名が、「康徳七（昭十五）年四月上旬哈爾濱市義州街天満ホテルニ於テ相會合シ」、運動・運動方針等を決定したことが、治安維持法第一條第一項違反の主因となったのだった。また、ここで注目すべきことは、前述のように、五名それぞれの起訴状の文面が、（当該人の経歴を除いて）全くの同文となっていることであり、このことは、五名の罪責に大小軽重の差がみられず、全くの横並びであったことを意味していた。

かくして「秘密結社無名中核體」事件は、関東憲兵隊による送致、新京高等検察庁による起訴を経て、あとは新京高等法院における裁判結果を待つだけとなった。そして、この起訴は、結局、「興農合作社・満鉄調査部事件」を通じて、治安維持法第一條第一項團體結成罪事案についての、最初にして最後のものとなった。

Ⅱ　鈴木小兵衛の告発が満鉄調査部事件へと繋がっていった

昭和十六年十一月四日の一斉検挙以来二ヶ月近くして、行き詰まりをみせていた事件究明のための切り札として、同年年末に熱海で検挙された鈴木小兵衛。その鈴木小兵衛と、満洲帝国協和会についての関東憲兵隊の認識は、次のようなものであった（『関憲報告』511）。

昭和十四年一月協和會兼務囑託（協和會勤務）となつた滿鐵新京支社調査室所属の鈴木小兵衛は、過去に於ける左翼運動經歴に於て將又高度なる左翼理論に於て常に他に君臨し、自他共に指導者たるを以て任じ、協和會の持つ一國一黨的性格と所謂縣參事官系グループの持つ農本主義と共に、左翼意圖實現に利用價値あるを認め、

○縣參事官系グループに属する熱田基を仲介として、該グループに接觸し、彼等の行政權を利用して農業の資本主義化を圖ること。

○舊協和會の間に、漸く活動の地盤を築きつゝある佐藤太一を支援して、左翼前歴者を之に吸

収すると共に部内における立場を確立すること。
○右二系統を漸進的に一體化し、人民戰線的政治力を結集すること。
を當面の運動方針として、在京各機関の革新的進歩分子、左翼分子を糾合、協和會中央本部内に囑託室を設置し、革新的政策の研討、左翼理論の研究等に努めありし處、昭和十四年十月満鐵大連本社調査部へ轉勤を命ぜられ、爾来大連より出張して囑託室會議に出席し運動を繼續しありたるが、本社に於ける活動意の如くならず、かて丶加へて協和會に於ける實踐的魅力もだし難く、遂に翌昭和十五年六月満鐵を辭し、同時に熱田基等の斡旋により協和會中央本部企畫局第三科長に就職し、左翼分子佐藤太一、深谷進、安井清隆、有馬好男、堀昇、和田一義等を影響下に置き實踐科長熱田を煽動、囑託室會議、研究會、座談會、講演會或は個人會合等凡有機會を捉へて目的達成に努力し來つたものである。
嘗て平賀貞夫が、中央本部實踐科員となりて部内の雰圍氣に接し、情野義秀等に對して中核體に勝るべき強力なる南満組織ありと迄語りたるを見るも、當時に於ける協和會運動の尖鋭化されたる状況を察知し得るであらう。

昭和十七年一月初旬、鈴木小兵衛の新京への身柄移送後、新京憲兵隊留置場において開始された、このような認識に立っての彼への尋問は、彼自身や協和会関係者の興農合作社事件関与問題（協和会「囑託室」にあっての組織体形成問題）、ゾルゲ事件での主として尾崎秀實との関係、彼の著作『滿洲の農業機構』などの他の一斉検挙者への影響問題、などであった。

だが、一斉検挙者五十余名にも及ぶ興農合作社事件にあって「團體結成＝結社組織」的なものとしては、「秘密結社無名中核體」以外は、関東憲兵隊がもっとも執着していた協和会左翼分子囑託室も、調べれば調べるほど、実態的には、どうやら関東憲兵隊の思い過ごしに過ぎないようだった。また、ゾルゲ事件にしても、尾崎秀實が満鉄の高級囑託であり、そのことによる鈴木小兵衛らとの時としての接触があったにしても、それ以上のスパイ事件的な濃い相互関係を見いだすことはできなかった。

しかしながら、鈴木小兵衛の場合、彼の著作『滿洲の農業機構』などの興農合作社関係者への影響問題については、一斉検挙者たちからの多くの証言があって、これを否定することは難しかった。かくして、書斎オンリーの鈴木小兵衛にあっても、治安維持法第五條の「宣傳罪」の適用に好適な人物と見做しうるとされるようになってきたのだった。かてて加えて、寒い独房に囚われの鈴木小兵衛の脳裏に、このたびの治安維持法による「宣傳罪」についての死刑・無期徒刑などの極刑の賦課への恐怖が浮かんできたとしても、それは不思議ではなかった。

関東憲兵隊による鈴木小兵衛の尋問の過程で、追及の矛先が、鈴木小兵衛本人もさることながら、新たに満鉄調査部へと向かったのが、いつ頃のことで、いかなる動因からだったかは、必ずしもさだかでない。これには、鈴木小兵衛の、極刑への恐怖心も手伝っての、ひとを告発することによってわが身を救うといった個人的なものと、関東憲兵隊やその背後の東京の憲兵司令部本部の興農合作社事件処理にあっての失地回復的意向、関東軍参謀本部内に根強かったアンチ満鉄調査部的感情、東條英機首相兼陸相兼内相の意向を受けたか、あるいはこれを忖度する憲兵司令部本部の指導・慫慂、などなどの要素が、複雑に絡み合っていたものと考えられる。かくして、春先から、関東憲兵隊（そして憲兵司令部本部）にあって、「宣傳罪」の適用による鈴木小兵衛の訴追の可能性が出てきたこととも関連して、急速に「満鉄調査部事件」の立件作業が進められていったように思える。そして、一つ言い得るのは、興農合作社事件なかりせば、あるいは、興農合作社事件検挙者が最初から中核体関係者などの一桁程度に止まっていたならば、そして、鈴木小兵衛の存在なかりせば、焚書坑儒の典型の如き「満鉄調査部事件」は、起こらなかったのではないか、と思われることである。

第一、「秘密結社無名中核體」などという如何にもおどろおどろしい形容語を附された「岩間義人外四名」にしたところで、関東憲兵隊自身が「幸いにして結成後僅か三ヶ月にして指導的中心人物平賀貞夫を失へる爲、結成當時の積極的豊富なる目標内容にも拘はらず、比較的貧弱なる活動に止まった」（『関憲報告』513）としている程。たしかに荒漠としてひろがり、交通・通信手段が未整備なままの満洲の、それぞれ何百キロも離れた北安、吉林、呼蘭、海倫、遼陽などの各地に、分散独居して興農合作社関係に勤務していた五名の職業人に、何ほどの「國體變革」の為の「團體」活動が為し得たであろうか。

そして、一斉検挙者の多くに影響を与えたとされていた鈴木小兵衛の著書『滿洲の農業機構』にしたところで、昭和十年末の彼の満鉄入社以前に日本で書かれ出版されていたもので、満鉄とは本来何の関わりもないものだった。

次に、前述を念頭に置きながら、この間の経緯についての『関憲報告』の記述をみてみることとしよう（同上540）。

満鐵調査部に於ける左翼運動が容疑視された抑々の端緒は、所謂一・二八工作事件取調中に於て、同事件關係者を以てする在満日系共産主義運動の母體なるものが、満鐵調査部にありと推定し得る多數の供述を得た事に發して居る。

昭和十五年七月満鐵調査部を辭任し満洲帝國協和會中央本部に轉出せる左翼分子鈴木小兵衛を、昭和十六年十二月三十日所謂一・二八工作關係者として檢擧し、其後の鋭意取調を實施せる結果、四月頃には遂に取調官の熱意と温情に感激し、漸く過去二十有餘年に亘り抱懐せる自己の世界觀を根底より改悟し、翻然として思想轉向を決意するに至つた。かくて彼が四十三歳にして眞に日本人として甦生の第一歩を踏み出すと共に、思想轉向の實を示すべく、自己の身命を堵して思想戰に對する協力方を熱願し、その第一着手として今尚不逞思想より覺醒せざる嘗ての満鐵調査部同志に對し、大東亜戦下一刻も速かに眞の日本人として甦生せしめんことを決意し、過去に於ける私情の信義を潔く抛つて、マルクス主義者が暗黙の鐵則として固く戒めある同志の裏切を敢てし、彼等の思想傾向並に左翼活動に就き自己の知り得る一切を供述するに至つたのである。かくて、その供述に依り満鐵調査部が、在満日系共産主義運動の温床體、母體であることが判明し、此の本據を掃蕩根絶せざる限り在満日系共産主義運動の絶滅と塞源を期することは至難であることを知り得たのであるが、更に鈴木は其の運動發生の因由、運動の概要と主要なる左翼分子、大上末廣以下實に六十餘名を指摘し、捜査遂行に大なる寄與を爲したのである。

四十三歳にもなっていた鈴木小兵衛が、「四月頃には遂に取調官の熱意と温情に感激し」たとは、まことにもってクサイ眉唾ものの話だが、人間弱いもので、取調官のおどしとすかしで一旦口を割って心理的障壁がなくなると、今度は取調官に阿ってその意向に沿うが如くに、堰を切ったように何でもかんでもゲロってしまうことがよくある。四月以降の鈴木小兵衛は、まさにその典型例のごとくで「眞に日本人として甦生の第一歩を踏み出し」、「同志の裏切を敢てし、彼等の思想傾向並に左翼活動に就き自己の知り得る一切を供述するに至つた」のであった。この記述から推測すれば、関東憲兵隊（とおそらくは憲兵司令部本部が連動して）の捜査の、興農合作社事件から満鉄調査部事件への重点移行は、昭和十七年四月頃には始まっていたと解することができよう。

前述を裏付ける具体例が、この頃すでに現れてきている。その一つが、同年四月末、新たな容疑者三名の検挙であった。即ち、客年十一月四日の一斉検挙にあって、満鉄調査部関係者は、大連の満鉄調査部第三調査室の花房森一名のみであったが、関東憲兵隊は、密かに鈴木小兵衛の供述の裏付けをとるべく、満鉄職員でマレーに出征中の三輪武、フィリピンに出征中の和田耕作の両名に対して、いずれも関東軍司令部への転属命令を発し、前者は四月二十六日に、後者は四月二十九日に、それぞれ同所への帰着とともに検挙した。また、満鉄北支経済調査所の佐藤晴生については、北京憲兵隊が、捜査の機密性保持のため満鉄調査部事件容疑を秘匿して、わざわざ興農合作社事件容疑として、四月二十九日に検挙した。三輪武、和田耕作は、軍人であるため、そもそも事件容疑を明らかにする必要がなかった。

五月に入って、五日の佐藤大四郎を皮切りとして、五、六、七の三ヶ月、一斉検挙者のうち、当該人が後に「宣傳罪」で起訴された容疑者や、およそ満鉄調査部に無関係でその事情にうといと思われる容疑者までもが「事件送致」された。なお、本来であるならば「宣傳罪」による訴追が、最も適切だったであろう鈴木小兵衛については、満鉄調査部事件追及の切り札として、最後の最後まで関東憲兵隊の手許に温存され、翌年末、興農合作社・満鉄調査部事件を通じての最後の送致者となった。

更に、東京での動きとしては、大村卓一満鉄総裁が、昭和十七年五月に上京して、兼務陸軍大臣として満鉄や満洲電電をも管轄する対満事務局総裁でもあった東條英機首相を表敬訪問した際、東條首相が大村に対して「今度は満鉄に手を入れますよ」と語ったと伝えられている（枝吉勇『昭和史探訪2（日中戦争）』250）。この東條発言の「今度は」の趣旨としては、おりしも五月十六日、司法省からその詳細顚末が発表され、世間の一大注目を集めることとなった「ゾルゲ事件」を念頭においてのことと思われるが、陸相・内相を兼務している東條内閣総理大臣閣下までもが、まだ端緒的段階に過ぎなかった満鉄調査部事件捜査に関して、当事者の満鉄総裁に対してこのような発言をしている事実は、受動的だったか能動的だったかは別として、本件への東條首相自身の関与を強く示唆している如く思われる。

前述の『関憲報告』の鈴木小兵衛は「其の運動發生の因由、運動の概要と主要なる左翼分子、大上末廣以下實に六十餘名を指摘し、捜査遂行に大なる寄與を爲したのである」に、更に次のようにと続く。

一方當隊に於ける所謂一・二八工作関係者に對する取調は豫期の如く進捗し、情野義秀を中心とする中核體關係者及佐藤大四郎を中心とする北満型合作社運動關係者の一部は既に事件送致し、爾餘の關係者も早晩取調の終結を見る状況にあつたのであるが、此の時關係者からも満鐵調査部關係者に對する有力なる容疑資料を得、彼是照合の結果前記鈴木小兵衛の供述は概ね正確なりと判定せられ、更に其の眞相を把握し愼重を期する爲、先づ其の第一段として當時取調中にして等しく思想清算を表明しありたる

國務院總務廳統計處資源科長　大塚　讓三郎
満洲評論社記者　田中　武夫
同　新京支局記者　鈴木　公平
興農合作社中央會職員　深谷　進
満鐵北支経済調査所職員　佐藤　晴生
満鐵調査部第三調査室職員　花房　森

等に就き、鈴木の指摘せる満鐵調査部關係者を基礎に、其の人物觀並左翼活動に付供述せしめたのであるが、是等の供述も亦概ね一致すると共に、更に三十數名の左翼分子を追加指摘するに至つたのである。今茲に鈴木小兵衛以下七名が左翼分子として交會的に指摘せる満鐵調査員其の

他を表示すれば左表の如くである（『関憲報告』541）。

この「指名者表示表」は、大上末廣を筆頭に枝吉勇を末尾として全体で六十八名、四頁に及ぶのだが、この六十八名中のそれぞれの指名者数は、鈴木小兵衛が実に六十二、以下、それぞれ、大塚譲三郎九、田中武夫十五、鈴木公平十七、深谷進三十一、佐藤晴生三十二、花房森十七、となっていて、鈴木小兵衛のこの件に関する関与度の圧倒的大きさを物語っている如くである。

更にこの六十八名の「指名者表示表」においては、前述の四月末検挙の三輪武（マレーに出征中）と和田耕作（フィリピンに出征中）の両名、および、後の昭和十七年九月二十一日の満鉄調査部事件第一次検挙者二十八名全員が、すでにこの表に含まれていて、その事件捜査上の威力をうかがわせるに充分なものがあった。

第九章　昭和十七年夏、新京で

大東亜戦争緒戦の南方作戦は、昭和十六年十二月八日の開戦以来の冬と春の間に、香港、マレー半島、シンガポール、蘭印、フィリピンなどなど、ほぼ順調に推移し、五月下旬のビルマの全土制圧をもって、半年にして成功裡に終了した。かくして、帝国陸軍は、その六月、「国軍軍容刷新計画」を策定、それを実施に移す余裕ぶりであった。この間、四月十八日の米空母から発進したドーリットル爆撃隊による帝都奇襲空爆や六月初旬のミッドウエー海戦における帝国海軍の蹉跌などもあったが、昭和十七年の夏は、大東亜戦争の全期間中を通じて、大日本帝国が、総じて最もその軍事的勢威を示していた期間であった。

I　王道楽土に生まれ来た……

盟邦日本の軍事情勢が順調な推移をみせていた昭和十七年の夏は、満洲国にとって、その年の九月十五日、昭和七年九月十五日の日満議定書の調印から十年を記念しての「満洲国建国十周年慶祝行事」を大々的に挙行するべく、その準備に大わらわの時期でもあった。街には、ラジオなどからの「………帝徳の下 民むつぶ 歌え賛えよ この恵み 建国ここに 十周年」との、満洲国建国十周年賛歌がよく流れていた。また、国民学校高学年の男子生徒たちは、白鉢巻きに半袖、半ズボンで、「王道楽土に 生まれ来た 我らは 正気の 朝の子だ 燃える希望に 輝いて 正義の道を 真っ直ぐに 足並み高く 堂々と 進め協和少年団」と、協和少年団団歌を歌いながら、大通りを分列行進するのだった。

回顧的には、たしかにこの頃は、満洲国の「国力」が、その頂点に達していた時期でもあった。

なお、前記「国軍軍容刷新計画」の満洲国関係の事項としては、満洲国の守護神、関東軍の兵員・装備・指揮系統などが改めて整備され、関東軍は、この時期、質量ともに史上最強の兵力を擁するに至っていた。なお、この際、関東軍に第一方面軍（牡丹江）と第二方面軍（チチハル）が新設され、七月一日、マレーの虎として勇名をはせた第二十五軍司令官山下奉文陸軍中将が第一方面軍司令官に、支那派遣軍隷下第十一軍司令官阿南惟幾陸軍中将が第二方面軍司令官に、それぞれ転補された。それからわずか三年後、鈴木貫太郎内閣の陸軍大臣であった阿南惟幾陸軍大将は、昭和二十年八月十五日早朝、「一死以テ大罪ヲ謝シ奉ル」として割腹して果てた。また、前年の昭和十八年に陸軍大将に昇進していた山下奉文は、日本が敗色濃厚となっていた昭和十九年九月二十六日、フィリピン防衛の第十四方面軍司令官に任命され、翌二十年九月、アメリカ軍に降伏。同年末、マニラの軍事法廷で死刑判決をうけ、昭和二十一年二月二十三日、絞首刑に処されて、その数奇の一生を終えた。

II　満鉄調査部事件捜査の進捗——関東憲兵隊警務部に思想班の新設

新京でも、夏を迎えた六月から七月にかけて、関東憲兵隊の、新たに生じてきた満鉄調査部事件への関心の高まりとともに興農合作社事件への興味は薄れていった。そして、満鉄調査部について若干でも訳知りそうな人々や関東憲兵隊が「團體結成」訴追になお執念をもやす協和会「囑託室」関係者を除いて、次々と便宜的とも思われる宣傳罪容疑による「事件送致」がなされていった。他方、満洲国警察にあっても、検挙者のうちの多くが、この頃までに宣傳罪容疑による事件送致がなされ、または釈放された（満洲国警察にあっては釈放者が結構多かった）。

このような時期の関東憲兵隊の特徴的動きとして、『関憲報告』は、偵諜状況の項で、以下のような記述を行っている(547)。

以上の経過に依り満鐵調査部を中心とする左翼分子並左翼活動の一部を把握し得たので、之が剔抉彈壓の決意を固め、逐次偵諜の段階を推進せしめること、なつたのである。然しながら周到なる檢擧準備と之が事件處理には相當強力なる陣容の整備と、且統一せる處理機關の設置を必要とし、之が爲には所謂一・二八工作事件處理の如く關係隊に各處理班を置き、司令部に其の統制班を置くが如き分散的處理を排し、之を解消して一括處理機關として新たに關東憲兵隊司令部内に未だ此の類例を見ざる思想處理班の設置に着手し、是に既往の思想事件處理に關與せる憲兵を配し、先づ検擧に對處し得る人的整理を期したのである。かくて關東憲兵隊警務部思想班は、昭和十七年七月十日其の編成を終わり劃期的新發足をなすこと、なつたのである。

この「劃期的新發足」した思想班は、班長松本満貞少佐、筆頭班員中村哲夫中尉以下、准尉、曹長、軍曹の総勢十七名。うち、取調担当は、中村中尉のほか、准尉二、曹長八の特進佩刀組十名、計十一名の編成であった。そして、思想班の初仕事として着手したのが、焚書坑儒に至るプロセスとして極めて興味深い「物的證據の収集検討」であった（『関憲報告』549）。

……………其處で先づ満洲經濟に關する理論的左翼指導書と謂はれる満洲經濟年報を始め、満鐵調査月報、資料彙報、其の他の満鐵調査部關係各種調査資料、パンフレット及彼等が左翼運動の機關誌化せる満洲評論並改造、中央公論、新天地其の他の雑誌等凡そ彼等が宣傳活動に利用せりと目せられる出版物、印刷物の内容に付、精細嚴密なる檢討を加へたのである。

本檢討に使用したる前記出版物等は實に數百篇に及び、此等は何れも相當高度の理論と眞相を巧に擬装し、又其の大部は筆名を用ひて居り、…………機密の漏洩防止上極めて短期間に檢出を要する等困難なる諸條件を克服して正鵠を期する爲には、寡少なる思想班員のみをもつてしては到底所期の成果を達成し得ないことは明かであり前述せる如く、被疑者をして索出論文の檢討に協力せしめ、憲兵は更に此等檢討論文に愼重なる審査を加へ判定に誤りなきを期した次第である。

かくて思想班員の努力と被疑者の協力により僅々二ヶ月餘にして九月上旬には前記出版物大部

の検討審査を終り、有力なる物的證據を獲得整理するを得たのである。

ちなみに、この検討対象の出版物等は、前述のように鈴木小兵衛を始めとする七名が、こいつが怪しいとして指名した六十八名に係るものであり、事実上、この六十八名を更に絞り込むためのものであった。

この「検討審査整理表」は、前述の「指名者表示表」と全く同様、大上末廣を筆頭に枝吉勇を末尾とするもので、当該人ごとに、索出論文総数、うち、有左翼意図数、無左翼意図数、未検討数、の四区分となっていた。索出論文総数が和田喜一郎の七十七に次いで多い大上末廣にあっては、それぞれ、六十三、五十二、四、七、となっていた。

また、「索出論文の検討に協力」した「被疑者」は、鈴木小兵衛や深谷進などで、主要人物の主要論文につき、当該「研討者名」とともに、二頁ほどの「検討状況」を記述していた（「研討」と「検討」の用語の相違の理由は不明）。

ここで当時の大日本帝国陸軍憲兵の知性・教養の程度を云々するつもりはないが、満鉄調査部事件第一次検挙者二十八名に関する「物的證據」は、「経調派と資料派の対立」といったようなお綺麗ごとよりは寧ろ、実質的には、中尉一、准尉二、曹長八の佩刀憲兵十一名と、「自己の身命を堵して思想戰に對する協力方を熱願し………今尚不逞思想より覚醒せざる嘗ての満鐵調査部同志に對し、大東亜戦下一刻も速かに眞の日本人として甦生せしめんことを決意した」鈴木小兵衛、および、「取調中にして等しく思想清算を表明しありたる」その他若干名の容疑者とが協力しての、「僅々二ヶ月餘の検討審査」から急造されたところのものであった。

Ⅲ　八月一日、憲兵司令部本部長加藤泊治郎陸軍憲兵少将、任関東憲兵隊司令官

新京の関東憲兵隊警務部に思想班が設置され、出版物等の索出とその内容検討が開始されて二十日ほどしての、昭和十七年八月一日のことだった。この日、関東憲兵隊司令官が、陸士二十五期の若手の原守陸軍少将から、年次が逆転したやや古手、陸士二十二期の加藤泊治郎陸軍憲兵少将に交替した。総理大臣であるとともに陸軍大臣をも兼務して、基本的に陸軍憲兵関係の人事権を掌握していた東條首相の、当時憲兵組織の実質的な司令塔をつとめていた在東京の憲兵司令部本部長からの引き抜き任用であった（なお、加藤泊治郎の関東憲兵隊司令官在任中、憲兵司令部本部長は欠員のままだった）。

加藤泊治郎陸軍憲兵少将は、鈴木貞一、四方諒二とともに東條を取り巻く三奸の一人として知られ、東條首相の古くからの腹心中の腹心であった。東條英機が、関東憲兵隊司令官・関東軍参謀長として、二・二六事件前後の三年余にわたる在満時代に、延吉、奉天の各憲兵隊長、そして関東憲兵隊総務部長を歴任していて、満洲事情にも詳しかったのが、その任命理由であり、加藤少将は、いわば古巣の関東憲兵隊へ、このたびは司令官として、満を持して着任したのだった。そして、これは単なる偶然かもしれないのだが、東條、加藤の両人がともに在満中の昭和十〜十三年頃は、丁度満鉄調査部にあって大上末廣らが華々しく活躍していた時期と一致していた。

なお、この八月一日の同日付で、前述の東條の三奸のもう一人の、四方諒二陸軍憲兵大佐が、中支派遣憲兵隊長から、内地の憲兵隊長としての最重要ポストである東京憲兵隊長に任命された。四方は、東條関東憲兵隊司令官時代に、その副官をつとめたことがあり、加藤とともに、東條の腹心中の腹心であった。東條としては、二人の腹心憲兵のうちのいずれか一人は身近に置いておく必要があるとすることからの緊急人事であった（本来であれば加藤少将に替えての憲兵司令部本部長に任用したかったのだろうが、四方大佐は陸士二十九期であり、流石にそれは無理だった）。

前述の去る五月の、東條首相の大村卓一満鉄総裁への「今度は満鉄に手を入れますよ」発言といい、また、今回の腹心中の腹心の加藤少将の関東憲兵隊司令官への任命といい、東條首相自身の満鉄調査部事件の捜査の進捗への、なみなみならぬ思い入れと期待を表すものとみてよかろう。そして、加藤泊治郎憲兵少将を司令官として迎えた関東憲兵隊において、士気大いに上がるものがあり、満鉄調査部事件捜査が、大いに進捗したのも事実かもしれない。だがしかし、ここで甚だ疑問に思えるのは、いかに思想戦への銃後の備えが必要であったにせよ、これまで見てきたような興農合作社事件における、お互い何百キロも離れればなれのたかが五名が、「我國ノ國體變革ヲ目的トスル無名ノ秘密結社ノ組織ヲ爲シタ」だとか、満鉄調査部事件における五、六年も前に書かれた論文に左翼的意図が有るとか無いとかいった程度のいわば些事に、現在進行中の国運を賭した大東亜戦争の最高指導者たる内閣総理大臣兼陸軍大臣閣下が、なぜこれ程までに重大な関心を寄せなければならなかったのか、ということである。

Ⅳ　新京での昭和十七年夏の終わり——新京高等法院での中核体五名への無期徒刑判決

四囲海に囲まれた海洋性気候の日本と違って大陸性気候のここ満洲国の首都新京では、季節の移り変わりが早く、八月も末ともなればもう秋の気配がただよう。その新京での八月は、大東亜戦争のただ中であるにもかかわらず、ここ数年来の八月とは異なって、外形的にはまことに落ち着いたものだった。満洲国にとっての主要な対外的脅威であるソ連は、何千キロもの西の彼方で、ドイツ機甲化軍団と壮絶な独ソ戦を展開中で、極東でことを構える余裕とてある筈もなかった。また、満洲国の防衛にあたる関東軍は、前述の国軍軍容刷新計画の実施によって整備され、今や関東軍軍歌の一番にある「…………起伏果てなき　幾山河　我が精鋭が　その威武に　盟邦の民　今安し…………」という状態がそのまま現出しているが如くであった。

だが、この頃ともなると、バルバロッサ作戦から一年余を経た独ソ戦にあって、ドイツ軍の圧倒的優位性は既に失われており、ヨーロッパ戦線での帰趨を決することとなった世界軍事史上空前の規模と言われたスターリングラード攻防戦が始まっていた。また、大日本帝国の従事する大東亜戦争にあって、緒戦の日本軍の圧倒的優位から、日・米相互の軍事的優劣の分岐点となった、太平洋上の熱帯の島とその海辺での陸、海、空をあげてのガダルカナル島攻防戦が、この八月に、なにげない形で始まっていたのであった。

新京での短い夏も終わりの八月二十八日、新京高等法院治安庭において、佐藤竹三郎審判長は、去る四月十六日に新京高等検察庁から同院に公訴提起（起訴）がなされていた岩間義人外四名に対して、治安維持法第一條第一項團體結成罪該当として、一律に無期徒刑の判決を下した。新京高等法院判決に関しては、手続き的には満洲国最高法院への上告の途もひらかれていたのだが、本件五名はともに上告を断念したため、この一律無期徒刑判決が確定した。これは、治安維持法第一條第一項團體結成罪にあっては、量刑は死刑か無期徒刑かのいずれかであるため、判決が無期徒刑である以上、そもそも上告は無意味だったからであった。

そして、勿論、この新京高等法院による中核体五名に対する一律無期徒刑判決は、加藤泊治郎新司令官のもと、いまや満鉄調査部事件の立件に向けて寧日の無い、興農合作社事件一斉検挙の震源地である関東憲兵隊を、いたく鼓舞するところのものだった。

なお、余談になるが、この中核体五名は、無期徒刑判決確定後、無期徒刑の刑に服するため、公判中に収監されていた新京監獄から奉天第二監獄に移動収監された。この奉天第二監獄は、昭和十二年末の治外法権撤廃條約締結後の、満洲国への司法権の完全移譲に伴っての、日本人などの「外人用」に、満鉄奉天駅近くに新たに築造されたもの。独房、雑居房ともに暖房施設も備わっていて、生活條件的には、奉天よりもはるかに寒い新京の憲兵隊留置場や新京監獄などより相当程度ましであった。

人生、先々何が起こるか分からぬもので、情野義秀、岩間義人、井上林、進藤甚四郎、田中治の中核体五名は、團體結成罪という重罪犯と目されていたばっかりに、検挙後、留置場をあちこちたらい回しされることなく一冬を新京憲兵隊留置場で過ごしただけで、早々と送致、起訴と進み、夏には判決を貰って、残る三冬を、北満の厳冬に比して温暖な奉天の、新設の第二監獄で過ごすことになった。

かくして中核体五名は、全員、昭和二十年八月九日のソ連侵攻、日本の敗戦を経て、同年八月三十日、奉天に進駐してきたソ連軍による囚人解放の日を迎え、戦後の満洲で「自由の身」となることができたのだった。

第十章　昭和十七年の秋から冬に向かう新京で

Ⅰ　満洲国建国十周年記念行事

空がどこまでも抜けるように青い、天高く馬肥ゆる秋がやってきた九月の新京は、満洲国建国十週年の記念行事一色に塗りつぶされていた。

これら記念行事の山場として、新京特別市の南東部、新京駅から大同大街（現 人民大街）を五キロほど南下して、至聖大路（現 自由大路）に至り、そこで左折して東に一キロあまり行った南嶺総合運動場において、九月十五日に「建国十周年慶祝式典」、翌十六日に「建国十周年慶祝祝賀会」が開催された。

満洲帝国協和会中央本部調査部長坂田修一は、九月十五、十六日の二日間にわたる式典等に臨席した感想を、次のように叙述し、そのまつりの時も終わったことをも、あわせ書き記していたのであった（『協和運動』四巻十号）。

建國十周年の慶祝式典並びに祝賀式は九月十五日、十六日の兩日に亘り、皇帝陛下の幸臨を辱うし、絢爛、壮嚴なる國都南嶺の式場に於て、極めて嚴肅、盛大裡に取り行はせられ、參列の光榮に浴した内外一萬餘の顯官、士紳はたゞたゞ感激の外なくそれは建國十年の業績の偉大さを今更の如く深く、大きくする感激であり、又歡喜であつた。本年初頭以來催された數々の慶祝行事はその感激と歡喜の度合ひに於て、此の慶祝式典を以て最高峰となし、慶祝諸行事は一應此の式典を以て完了せりとの感を與へられた。

昭和七年三月一日に建国、昭和二十年八月十八日深更、鮮満国境在の寒村、大栗子にての皇帝溥儀の退位宣言により消滅した満洲国の、わずか十三年半の短い歴史にあって、その国威の頂点となったのが、たしかに、昭和十七年九月のこれら「建国十週年記念行事」であった。これからわずか三年後の昭和二十年九月の、「新京」から名前も変わった「長春」。そこでは、ソ連占領軍の完全制圧下、吊し上げ、逮捕、致死傷、襲撃、掠奪、強姦、戦犯狩りなど何でもあり。そして、満洲奥地からの空腹疲労困憊の極、着の身着の儘の日本人難民が、陸続と、群れをなして流入していたのだった。

Ⅱ　九月十七日、関東憲兵隊命令下る

満洲国建国十週年慶祝式典、同祝賀会が成功裡に終わった翌九月十七日、関東憲兵隊は、新京の同司令部に、新京、大連、哈爾浜、奉天、錦州各憲兵隊の特高課長（または隊付将校）を招致して、「關

東憲兵隊命令」（第三項の別紙第一付）を配布・下達するとともに、本事件を「九・二一事件」と称することを始めとする警務部長細部指示、所要事項の打ち合わせ等を行った（第三項の別紙第一には、検挙予定者二十八名それぞれの、氏名、略称、所属、住所、検挙実施隊、留置担任隊を記載）。
なお、憲兵司令部本部、それから、それぞれ数名ずつの検挙予定の北支那派遣憲兵隊司令部と中支那派遣憲兵隊司令部へは、電報をもって手配し、関東軍司令部、関東防衛軍司令部、司法部、最高検察庁、新京高等検察庁などの関係部局へは、報告通報を行った（『関憲報告』561）。

關憲作命第三三四號　　關東憲兵隊命令　　九月十七日九時　於　新京

一、一・二八工作ニ依リ満鐵關係者ノ共産主義運動ノ全貌判明セリ
二、關東憲兵隊ハ之ヲ剔抉芟除セントス
三、新京、大連、吟爾濱、奉天、錦州各憲兵隊長ハ別紙第一ニ基キ容疑者ノ檢擧竝ニ留置ニ任スへシ
　　檢擧着手ノ時機ハ九月二十一日トス
四、檢擧後ニ於ケル捜査ハ關東憲兵隊司令部之ヲ擔當ス
　　各隊ニテ捜査スヘキ範圍時機ハ別途指示ス

關東憲兵隊司令官　加藤少將

この九月十七日の「關東憲兵隊命令」下達の次第をよくよく見て驚かされるのは、加藤泊治郎司令

官隷下の関東憲兵隊の、いけいけドンドン、文字通りの「独断専行」ぶりである。まず、この第一項でいうところの興農合作社事件「一・二八工作」にしてからが、その目玉である「中核体五名」への新京高等法院の判決が下されたばかりであったが、彼等五名が、満鉄調査部関係者の左翼的意図のある論文から影響を受けていた訳でも何でもなかったことは、判決によっても明らかであった。つまりは、「一・二八工作」は、あくまで、前年十一月四日の一斉検挙者が殆どそうであったところの、興農合作社関係者なのであって、鈴木小兵衛の『満洲の農業機構』だとか、佐藤大四郎の『綏化縣農村協同組合方針大綱』などから影響を受けていたかもしれないが、およそ「満鉄調査部関係者の左翼的意図のある論文」などと関係がある訳もなかった。彼等のうち、塙正、岩船省三が七月、更に佐藤大四郎が九月、小松七郎が十月に、それぞれ、治安維持法第五條第一項宣傳罪該当として起訴されていったが、これらの（日本の治安維持法違反の）「前歴もの」たちは、あくまで、満洲国の治安維持法に定める違法な「宣傳」活動を行った主体なるがゆえの起訴なのであって、改めて満鉄調査部関係者から「宣傳」の客体として「お教えを仰ぐ」必要などなかったのだった。

そして、法治国家満洲国にあって、満洲国に対する犯罪を摘発する事案であるのにも拘わらず、満洲国司法部、同最高検察庁、新京高等検察庁など満洲国司法関係機関へは、報告通報を行ったのみであったし、お仲間的な関東軍司令部、関東防衛軍司令部、それに関東局に対してすら、ご同様であり、まことに「天上天下唯我独尊」であった。

更には、関東憲兵隊の管轄外の、内地の東京憲兵隊と京都憲兵隊については憲兵司令部本部を通じて、また北支隊（北支那派遣憲兵隊）と中支隊（中支那派遣憲兵隊）については、当該隊司令部への電報手配によっており、それはあたかも、憲兵司令部本部が、東京から新京へ、引っ越してきたような有様であった。加藤泊治郎少将の従前のポスト、憲兵司令部本部長は、空席のままであったが、それにしてもこのような加藤少将＝関東憲兵隊の「独断専行」ぶりの背景は、一体、何だったのであろうか。

Ⅲ　九月二十一日、満鉄調査部事件第一次検挙

昭和十七年九月二十一日午前七時、前述の関東憲兵隊命令第三項別紙第一に掲げる満鉄調査部事件容疑者二十八名の自宅住所を、それぞれ五名の憲兵が訪れ、容疑者を検挙し、二名が容疑者を連行、三名がその場に残って家宅捜索を行った。全体的状況としては、概ね別紙第一記載の通りであったが、狭間源三は新京支社から東京支社に配置換えになっていたため、後の九月二十六日に、東京憲兵隊が検挙した。また、北支の四名にあっては北京憲兵隊が、中支の六名にあっては上海、南京、杭州憲兵隊が、それぞれ対応したのだが、旅行中などの事情で、鈴江言一は九月二十七日、長澤武夫は十月四日の検挙となった。この結果、第一次検挙二十八名にあっての憲兵隊ごとの検挙人数は、京都（一）、東京（一）、新京（七）、大連（十）、北京（三）、上海（四）、南京（一）、杭州（一）となっていた。「満洲国の犯罪」である筈なのに、「満洲国」の領域での検挙人数は、新京（七）に過ぎず、ここでも、関東憲兵隊の、というよりはむしろ、加藤泊治郎関東憲兵隊司令官の、「威光」を物語っていた。な

お、第一次検挙以前の検挙者、花房森（一六・一一・四）、鈴木小兵衛（一六・一一・三〇）、三輪武（一七・四・二六）、和田耕作（一七・四・二九）、佐藤晴生（同上）の五名を加えると、満鉄調査部関係検挙者は、三十三名となった。

Ⅳ　第一次検挙のその後

昭和十七年の秋から冬にかけて、東西一万キロ余を隔てて、同年夏に開始されてたまたま同時進行中のスターリングラード攻防戦とガダルカナル島争奪戦とが、月を追って、ともに枢軸国、ドイツ・日本の非勢に傾いていく中で、盟邦日本の首都東京も、そしてここ満洲国の首都新京も、このような軍事情勢を知らずとはいえ、前年の同時期に比べて、まことに静穏であった。

満洲国の数千キロはるか西の彼方、カスピ海に注ぐボルガ川の下流に位置するスターリングラードをめぐって、独ソ間で一大攻防戦がくりひろげられていた同時期に、太平洋上のガダルカナル島において、その発端は飛行場の建設をめぐって、日米両軍の同島争奪の死闘が続いていた。同島攻防戦にあって、わが方は、いけいけドンドン、相も変わらぬ陸軍戦闘部隊の逐次投入、逐次壊滅の愚がくりかえされていた。また、陸海軍航空基地のあったニューブリテン島ラバウルからの飛行時間が往復八時間、ガダルカナル島近辺での滞空時間僅かに数十分という、限られた航空戦条件下で制空権を失い、更に三次にわたって行われたソロモン沖海戦においても、部分的勝利はあったが、ガダルカナル島奪回という戦略目標からは、ほど遠い結果しか得られなかった。

このような制空権、制海権の欠如のもとで、わが帝国陸軍にあっては、兵員、武器弾薬、食糧の輸送、揚陸は困難を極め、駆逐艦でようやく上陸し得た部隊も、重火器は殆どゼロに等しく、また、食糧も行き渡らず、逐次増強されていった重火器を備えた米軍の攻撃をうけて、密林の中をさまよい、飢餓とマラリアなどでただただ消耗の一途をたどるのみで、「ガ島」は文字通り「餓島」となった。これこそまさに、昭和十八年以降の太平洋戦争にあって、次々と繰り返されていく悲劇の第一陣であった。

このようにして、昭和十七年十二月三十一日の大本営御前会議の席上、ガダルカナル島は、「継続しての戦闘が不可能」として、同島撤退が決定された。

関東憲兵隊は、加藤泊治郎司令官の統率下、満鉄調査部九・二一事件第一次一斉検挙をほぼ所期のとおりに終えて、前年十一月四日の興農合作社事件一斉検挙後における新しい段階に入った。興農合作社事件関係検挙者にあっても鈴木小兵衛を始めとする七名の満鉄調査部関係者告発グループも、自身が満鉄調査部関係である鈴木小兵衛と、花房森、佐藤晴生の三名を除く他の四名が、十月に入ってご用済みとばかりに次々と事件送致されていき、さしもの関東憲兵隊の自身にとっての不良在庫たる留置者も、一年を経て、極少になっていった。

他方、既送致者のうち、高等検察庁において治安維持法第五條第一項宣傳罪該当として、七月三日の塙正を皮切りとして十月までの間に、満洲国警察からの送致者二名を含む六名が起訴されたが、この六名については、新京高等法院治安庭において、佐藤竹三郎審判長のもとでの統一公判扱いとなって審理が進められていくことになった。かくして関東憲兵隊は、いまや満鉄調査部事件に、一意専心することができるようになったのだった。

このような状況下の新京の年末、消息通の間に、ある噂が飛び交っていた。それは、満鉄調査部事件摘発の最大の功労者、加藤泊治郎関東憲兵隊司令官の、東京への転任、憲兵司令官への栄転の件であった。

噂が現実となって、加藤泊治郎陸軍憲兵少将は、昭和十八年一月四日付で、憲兵司令官に任命された。後任の関東憲兵隊司令官は、陸士四期下の二十六期、関東憲兵隊総務部長大野廣一陸軍少将であった。

いかに満鉄調査部事件が重要とはいっても、大東亜戦争の戦局の推移は、もはや東條英機首相・陸相をして、腹心中の腹心、加藤泊治郎陸軍憲兵少将を、長らく新京の地に置くことは、流石にできなくなってしまっていたのだった。

第十一章　満洲国の終わりが始まっていった
――満鉄調査部事件に明け暮れた昭和十八年

Ⅰ　終わりの始まりの年の始め

回顧的にみて昭和十八年は、満洲国にとって、盟邦日本とともに終わりが始まっていった年であった。もっとも、終わりとはいっても、盟邦日本の場合は、大日本帝国が終わっても日本国は残ったのだが、満洲国にあっての終わりとは、満洲国そのものの崩壊・消滅を意味していた。

こと興農合作社・満鉄調査部事件に限っていえば、昭和十八年一月の段階にあって、興農合作社事件の検挙者のほぼ全員が既送致かまたは釈放され、既送致者のうち、岩間義人ら五名は、すでに無期徒刑の判決が確定して奉天第二監獄にて服役中、佐藤大四郎ら六名は、起訴されて統一公判中で、その他が不起訴決定による釈放か処分保留のまま、という色分けであった。また、満鉄調査部事件にあっては、前述の第一次検挙者二十八名プラスそれ以前の検挙者五名、計三十三名が、全員、今や加藤泊治郎少将が去った関東憲兵隊の手中にあって、尋問・取調べが行われており、事態が動き出すのは、佐藤大四郎ら六名への判決が出た後の、晩春に至ってからであった。

昭和十八年の新年を迎えて、第二次世界大戦の戦局は、東に西に、一年前とは全くその様相を異にしてしまっていた。十八年一月は、前年の夏から冬の半年の間、たまたま同時進行的に、東は日米間、西は独ソ間で戦われた二つの局地的戦闘——前者は、太平洋上の熱帯ジャングルに覆われた島とその海辺での陸、海、空をあげてのガダルカナル島争奪戦、後者は、極寒のソ連の大平原に位置する都市とその周辺での陸と空のスターリングラード攻防戦——においての、ともに枢軸国側の日・独にとっての、余りにも惨憺たる敗戦処理の日々であった。そして、地球上一万キロ余もはなれたこれら二つの戦闘における日・独の敗戦の結果は、大日本帝国と満洲国の双方にとって、昭和十八年をして、たしかに、終わりの始まりの年とするところのものであった。

昭和十八年二月初旬のこと、熱帯の島ガダルカナルにあっては、前年末の大本営御前会議の決定により一月四日に発令された「ガダルカナル島撤退作戦（ケ号作戦）」に基づき、一、四、七日の三次に分けて、同島西北端のエスペランス岬よりの駆逐艦艦隊を用いての夜間撤収作戦が極隠密裡に実施に移され、同島上陸日本軍将兵三万余名のうち、辛うじて餓死寸前の一万余名の救出に成功、ここにガダルカナル島争奪戦は終了した。

二月九日十九時、大本営は、次の発表を行なった。

同ジク掩護部隊トシテ「ソロモン」群島ノ「ガダルカナル」島ニ作戰中ノ部隊ハ昨年八月以降引續キ上陸セル優勢ナル敵軍ヲ同島ノ一角ニ壓迫シ激戰敢闘克ク敵戰力ヲ撃摧シツ、アリシガ其

ノ目的ヲ達成セルニ依リ二月上旬同島ヲ撤シ他ニ轉進セシメラレタリ

他方、ボルガ川下流右岸のまちスターリングラード攻防戦は、史上最大の消耗戦となった。数次の大会戦や凄惨な市街戦を繰り返すうちに、冬将軍の訪れとともに、ソ連軍はスターリングラード周辺にドイツ軍大包囲網を完成し、袋の鼠となったドイツ第六軍の敗勢は歴然となった。攻防戦当初の二十三万から今や残存兵力十万にまで縮減した第六軍は、一月末から二月の始めにかけて、ヒットラー総統が最後までの徹底抗戦を期待したがゆえに元帥に昇進させたばかりの第六軍司令官フリードリヒ・パウルス元帥とその幕僚を先頭に、厳冬の中、師団単位で続々とソ連軍に降伏していったのだった。

このスターリングラード攻防戦勝利が、独ソ戦全体の転回点となったソ連軍は、以来、ドイツ軍を西へ西へと駆逐していき、攻防戦勝利から二年余たった昭和二十年四月十六日、ついに首都ベルリン総攻撃を開始するに至った。ヒットラー総統が、エヴァ・ブラウンと総統官邸地下壕で二人共に自殺した四月三十日は、新京高等法院において満鉄調査部事件の起訴者二十名に対して全員執行猶予付徒刑三年の判決が下された五月一日の前日。そしてベルリン陥落の五月二日は、その翌日であった。満鉄調査部事件の掉尾となったこの判決と同時点的なこれらの日付は、たまたまのものとして看過もし得ようが、これから一週間後の、ドイツの対ソ降伏の昭和二十年五月八日は、満洲国についての歴史的回顧をしていく上で、ことのほか重要な日付となった。

昭和二十年当時の日ソ間には、昭和十六年四月に締結され、有効期間が五年間の、「相互ニ他方締約国ノ領土ノ保全及不可侵ヲ尊重スヘキコト」、および、「他方締約国ハ該紛争ノ全期間中中立ヲ守ルヘシ」、などを定めた「日ソ中立條約」が存在していて、昭和二十一年四月までは当然その効力が及ぶ筈であった。このような日ソ中立條約の存在にもかかわらず、昭和二十年二月十一日、ルーズベルト、チャーチル、スターリン、の米英ソ三首脳によって、クリミア半島のヤルタにおいてヤルタ対日秘密協定が締結された。この協定にあっては「三大国、すなわちソヴィエト連邦、アメリカ合衆国及び英国の指導者は、ドイツ国が降伏し且つヨーロッパにおける戦争が終結した後二箇月または三箇月を経て、ソヴィエト連邦が、次の條件で連合国側において日本国に対する戦争に参加することを協定した」と定められていたのであった。

ソ連首相ヨシフ・スターリン大元帥は、ドイツの無條件降伏後、それまでドイツ戦線に投入されて連戦に次ぐ連戦で疲労困憊しきった数十万のソ連大軍団を、シベリア鉄道経由で東方数千キロのソ満国境に、遮二無二、輸送・配備し続けた。そして、ソ連は、ドイツの対ソ無條件降伏から丁度三ヶ月後の八月八日、このヤルタ対日秘密協定を援用して、日ソ中立條約を破棄しての対日参戦を布告した。その数時間後の昭和二十年八月九日午前零時を期して、百七十万のソ連大軍団の満洲への突如一斉侵攻が開始されたのだった。日本のポツダム宣言の受諾による対連合国無條件降伏は、その僅か六日後、そして、満洲国の消滅は、更に三日後の昭和二十年八月十八日のことであった。

Ⅱ　在満少国民の夢、特急あじあ号の運行停止

満洲国の入り口の大連とその首都の新京とを結ぶ七百キロの大動脈である連京線の愛称は、南満本線。それは、満洲唱歌で、「春は南から 杏の花で 冬は北から 氷柱《つらら》で知らす 詩《うた》の列車が からららん鐘を 鳴らして走るよ 南満本線」と叙情的にうたわれ、親しまれていたのだった。特急あじあ号は、その大連・新京間七百キロの南満本線を八時間半で走る、満鉄が世界に誇る食堂・展望車付の豪華列車。「漲《みなぎ》る力だ満洲の 大地とともに生きる子だ 見よやこの胸この腕《かいな》 大和心の血が燃える いざいざ進め意気高く われら在満少国民」（在満少国民進軍歌）とうたわれてはいても、大陸的な気候風土でそもそも生活に彩りの少ない多くのわれら在満少国民にとって、「一度はあじあ号に乗ってみたい」というのが、日頃の夢でもあった。だがこの夢は、昭和十八年二月二十八日、あじあ号の運行停止措置によって、その実現可能性がはかなくも消え去っていった。

この豪華列車の運行停止は、盟邦日本での益々強まって行った戦時色を、満洲国においても反映してのものという要素もあったかもしれないが、何よりも、軍事、民事両面での南満本線を含めての満鉄の輸送力の強化がその狙いとするところであった。俗に、「あじあ号一本とめれば、貨物五本が走れる」などとも言われていたのである。

この満鉄の満洲国内輸送力強化に関連するが、満洲国と大日本帝国にとっての終わりの始まりの年、

昭和十八年は、満洲国の守護神「皇軍の華」関東軍にあっても、「兵力の南方転用」という形で、その終わりが始まっていたのだった。ただ、この「兵力の南方転用」は、対ソ諜報の関係から、関東軍首脳部と満鉄極上層部以外には、全くの軍事厳秘に付すべきこととして行われたのであった。

それでもまだ昭和十八年の前半は、独立野砲大隊、独立工兵聯隊、戦車聯隊などの抽出兵力の南方転用ですんでいたが、同年の後半期に至るや、満洲で編成された海上機動第一旅団や、第一方面軍所属の第二軍、更には、前年の七月にできたばかりの第二方面軍そのものまでもが、南方戦線に次々と転用されていった。そして、広い太平洋上の至るところで、十八年から始まっていったアメリカ軍の反転攻勢のなかで、次々と玉砕していったのである。

Ⅲ　満鉄、九・二一事件第一次検挙者を解職――満鉄の自粛処置の第一歩

昭和十六年秋、東京霞ヶ関の一角にある満鉄東京支社内に、秘書付のオフィスを構えていた高名な満鉄高級嘱託尾崎秀實の、国際スパイ事件関連容疑による検挙の報に、満鉄首脳部は、周章狼狽、為す術を知らなかった。そして一年後の昭和十七年九月二十一日、東條首相・陸相のかねての警告の通り、ハルビン、新京、奉天、大連、北京、上海、そして京都、東京などなどの各地で、現、元、満鉄調査部職員を中心とする二十八名もの一斉検挙が行われ、満鉄調査部の存立それ自体すら危ぶまれかねない事態に立ち至った。

その結果、満鉄首脳部は、関東憲兵隊に対して宥和・屈従的な態度をとらざるを得なくなり、かく

して昭和十八年の一年は、満鉄にとって、関東憲兵隊の了解を得つつの「自粛處置」の年となった。その具体的な第一歩が、第一次検挙者に関しての、起訴はおろか、高等検察庁への送致すら行われていない段階での、昭和十八年三月一日付をもってする、「業務上の都合に依る」との理由の下での解・職であった。

勿論、第一歩は、第二歩、第三歩と繋がっていくのであるが、『関憲報告』は、この間の状況を、わざわざ、「第四章 満鐵に於ける自粛處置」として、次の如く記述している(613以下)。

昭和十七年九月二十一日、日・滿・支に亘り突如實施せられた一齊檢擧は滿鐵に意外の衝動を與へたものと推察せられる。當初憲兵の今次檢擧は戰時下に於ける一時的措置であるかの如く觀察せられ一部樂觀視した趣もあつたが、諸情報の收集と時日の經過に依り事件の片鱗を推知し其の廣汎重大性に狼狽動揺を生じ事件の擴大を虞れ爲すところを知らざる狀態を現出した。然し乍ら憲兵の密接なる連絡に依り、今次檢擧の眞意を解するに至り次第に沈静に歸すると共に、事件處理に對する協力の申出、殘留左翼分子に對する自粛處置等時局下調査部内の自粛反省が叫ばれるに至つた。

……………………………………………………………………………………

滿鐵調査當局は今次被檢擧者の大部が部内樞要なる地位にあり、而も調査の企畫立案等に參與していた點に鑑み、調査方針、調査計畫其の他に再檢討を加へ進路を明らかならしむると共に、部内肅正方針を明示し、未檢擧左翼分子に對しては調査部門よりの轉出、非役、謹愼等の行政的処置を講じ、専ら部内の粛正に意を用ひた。

このようにして、第一次検挙者の解職に次いでとられた第二歩が、武安鐵男、守隨《しゅずい》一《はじめ》、土井章、發智善次郎、山口辰六郎、平野蕃、土岐強、代元正成、向坂正男の九名を調査局付として、「調査業務に携はることを中止せしめ、各所属長の下に謹慎自己反省せしめ、極力思想轉換を圖らしむる様努む」ることとした自粛処置であった。後述のように、これらの「未檢擧左翼分子」の過半が、夏に至って、関東憲兵隊と満鉄当局とが意を通じ合って、双方にとっての「撃ち方止め」のための、第二次検挙者リストに加えられることとなり、それ以外は、八月から始められた四十名にも及ぶ現業転向等の大規模行政処分の対象となっていった。

第十二章　終わりの始まりの年の春、首都新京で

Ⅰ　治安維持法第五條第一項「宣傳罪」該当判決

昭和十八年の春もたけなわになりつつあった四月十五日、新京高等法院治安庭において、「我國體ヲ變革スル目的ヲ以テソノ目的タル事項ノ宣傳ヲ爲シタルモノナリ」として、佐藤大四郎ら六名に対して、治安維持法第五條第一項「宣傳罪」該当として有罪、それぞれ有期徒刑の判決が下された。審判長審判官は、前年夏の中核体五名への團體結成罪による全員無期徒刑判決と同じく佐藤竹三郎。そして、関与検察官は、藤井勝三。更に、今回の六名も、前回の五名と同じく、皆が皆、「前歴もの」たちであった。

徒刑の刑期は、佐藤大四郎、十二年。小松七郎、七年。塙正、岩船省三、各五年。野川隆、田中武男、各三年。この六名のうち、前四名が関東憲兵隊よりの、後二名が満洲国警察よりの、新京高等検察庁への送致者であった。

この際、判決後に奉天第二監獄に収監されたこれら六名の個人的命運について述べておくと、佐藤

大四郎は、判決後、一月も経たぬ五月十日、骨と皮に痩せ衰えて獄中死した。また、満洲国警察による検挙・送致の田中武男と野川隆の両名は、ともに昭和十八年十二月、「田中は重態で仮釈放になって数日後に、野川は結核のため執行停止となって奉天医大病院にて療養中に亡くなった」（山田清三郎『転向記・嵐の時代』155）。病弱の身での新京での不潔非衛生的な満洲警察留置場や新京監獄暮らしの二冬は、彼等の骨身にさぞかしこたえたのであろう。

元プロレタリア作家で新京在住、満洲文芸家協会委員長だった山田清三郎は、これらの「前歴もの」たちの多くを個人的によく知っており、とりわけ絵描き・詩人の野川とは、山田が満洲文芸家協会委員長、野川が同委員の関係や、更には夫婦ともどもの付き合いだったこともあり、昭和十八年十二月の彼の死、そして引き続くその葬儀の模様などを、前掲書に感慨を込めて書き残している。

小松七郎、塙正、岩船省三の三名は、奉天第二監獄での収監後の二冬を何とか過ごし、同じく三冬を過ごした中核体五名と共に、昭和二十年八月三十日、ソ連占領軍によって同監獄より解放され、敗戦後の満洲を、それぞれに生きた（前掲書208）。

昭和十六年十二月二十七日公布・施行の治安維持法にあって、その公布・施行前の所為のうち処罰可能なものは、同法第一條第一項の「團體結成罪」、同法第一條第二項前段の「團體參加罪」、更に、同法第五條第一項中の「宣傳罪」に限られていたことは、これまでも縷々述べてきたところである。

そして、このうちの同法第一條第一項の「團體結成罪」の処罰に関しての法理構成については、前年夏の中核体五名についての新京高等法院治安庭判決によって窺い知ることができた（正確には、同法院への新京高等検察庁の起訴状によって間接的にではあるが)。

即ち、「團體結成罪」にあっては、あくまで、結成したとする「團體」の、ある程度客観的な存在証明が前提となるのであり、訴追する関東憲兵隊・満洲国検察側としては、「秘密結社無名中核體」などという、いかにもおどろおどろしい団体名を発明してまで、まずは「團體」の存在を立証しなければならなかったのだった。従って、新京高等法院による判例が出たからといって、直ちにこれを他のケースに応用する訳にはいかなかったのである。関東憲兵隊が、最後まで強いこだわりを見せていた、熱田基を始めとする満洲帝国協和会「嘱託室」関係者の場合にあっても、結局は彼等に関しての「國體變革目的の團體性」の立証が困難であったがため、実際に中核体五名に続いての第二弾たる「團體結成罪」ないしは「團體參加罪」の起訴が行われることとはならなかったものと考えられる。

他方、この昭和十八年四月十五日の興農合作社事件関係の佐藤大四郎ら六名に対する宣傳罪判決から二年後の昭和二十年五月一日、新京高等法院に於いて、新京高等検察庁から起訴されていた満鉄調査部事件関係者二十名に対して下されたのは、全員執行猶予付とはいえ、佐藤大四郎ら六名に対してと同じくの、治安維持法第五條第一項中の「宣傳罪」に関しての有罪判決であった。つまりは、「宣傳罪」は、治安維持法のいわば本筋、第一條第一項の團體結成罪に比して、はるかに汎用性が高かったのである。

そうだとすれば、治安維持法第五條第一項中の「宣傳罪」の内容とは、一体どんなものだったのか。この点に関しては、昭和十八年四月十五日の「佐藤大四郎に対する治安維持法違反被告事件判決」が、幸い完全な形で現存しており、佐藤大四郎のそれが、他の「宣傳罪」事案の判決内容を容易に類推せしめうると考えられるので、次に、興農合作社・満鉄調査部事件を通じて、佐藤以外の者について、「宣傳罪」として処罰した際の法理構成を「佐藤大四郎判決」を典型例として考えていきたい。

Ⅱ 「宣傳罪」違反処罰の法理構成

佐藤大四郎判決文は、Ａ５判、６頁に及ぶ長文のものであるので、ここでは、そのパート、パートを抜粋しながら、その三段論法的な論理展開を見ていくことにしよう。

判決文理由書は、まず次のように始まっている。

被告人ハ東京市所在第一高等學校文科在學中左翼文獻ノ繙讀及交友ノ感化等ニ依リ共產主義思想ニ共鳴シ………遂ニ昭和六年二月日本共產青年同盟ニ加入シタルコト等ニ依リ昭和八年十二月十九日東京地方裁判所ニ於テ治安維持法違反罪ニ依リ懲役二年五年間刑ノ執行猶豫ノ判決ヲ受ケタルモ共產主義思想ニ對スル信念ハ依然トシテ渝ラス…………偶々康德元年（昭和九年）五月大連市ニ來リ一時同市所在滿洲評論社ノ編輯記者トナリタルトコロ…………………右大塚ノ懇望ヲ容レ滿洲評論社ヲ辭シ康德四年一月綏化ニ赴キ同縣公署ノ依囑ニヨリ綏化縣農村協同組合ノ組織ニ當リタルカ…………農村協同組合運動ノ中心目標ヲ勤勞階級タル中貧農ニ置キ…………階級的自覺ヲ促シ半封建的支配ニ反撥スル氣運ヲ釀成シテブルヂョア民

主主義革命ニ導キ次ニ起ルヘキプロレタリヤ革命ノ客観的主體的諸條件ノ成熟ニ寄與セシムルニ在リト為シ窮極ニ於テハ我國體ヲ變革シテ共産主義社會ヲ實現センコトヲ企圖シ…………

右のように、まずは本人の詳細経歴を記述しながら、その過程にあって「窮極ニ於テ」という一句に依って治安維持法第五條に定める「第一條…………ノ目的」即ち「國體ヲ變革スル目的」を有していたことを立証しながら、次いで、その企圖の下に於ける本人の社会的活動の記述に移っていく。

……………同年九月政府ノ農事合作社設立綱要ニ基キ同農村協同組合カ綏化縣農事合作社トナルヤ其ノ職員トナリ次テ康徳五年五月濱江省農事合作社輔導委員會事務局（康徳六年三月濱江省農事合作社聯合會ニ改組）カ設置サルルト共ニ其ノ主事ニ轉シ更ニ康徳七年四月農事合作社ト金融合作社トカ統合ニ依リ新ニ濱江省興農合作社聯合會ノ設立セラレテヨリハ其ノ職員ニ任セラレ……………在新京興農合作社中央會職員ニ轉シタルモノナルカ其ノ間農事合作社運動ニ於ケル指導的地位ヲ利用シ前記意圖ノ下ニ鋭意「濱江コース」ノ普及浸透ニ努メ就中

それから更に、就中の例証として、「第一、」から、「第五、」までの各項で、「綏化縣農村協同組合方針大綱」、「滿洲に於ける農村協同組合運動の建設」などの「パンフレットヲ執筆シ之ヲ打字印刷ニ付シテ農事合作社職員等ニ配布スルト共ニ其ノ頃之ヲ満洲評論社ヨリ印刷發刊」したことや、その他、講演会、講習会、研修会などの場で、論文、資料などを配布、講述したこと、つまりは、「宣傳」にあっての具体的な媒体と活動とを順次挙げて「証拠」とし、「①國體變革企圖」＋「②社会活動実態」＋「③宣傳媒体・活動例示」を逐次展開して、最終的に次の結論に至っている。

以テ我國體ヲ變革スル目的ヲ以テ其ノ目的タル事項ノ宣傳ヲ爲シタルモノナリ
右ノ事實ハ被告人ノ當公庭ニ於ケル判示趣旨ノ供述ニ依リ之ヲ認定ス

最後に判決文は、旧法、改正法など、やや複雑な法律の適用にあたっても、「手続き的瑕疵」がないことを詳細説明しているので、若干長きに亘るが、この際そのまま掲載しておく。

法律ノ適用ニ付按スルニ被告人ノ判示所爲ハ治安維持法第五條第一項ニ該當スルトコロ本件ハ同法施行前ノ犯行ニ係ルヲ以テ之ヲ其ノ犯罪時ノ法律ニ照セハ該所爲ハ暫行懲治叛徒法第三條ニ該當ス 而シテ刑法第八條ニ依レハ犯罪後法律ノ變更アリタルトキハ新法ヲ適用スヘキモ舊法ニ定メタル所ヨリ重ク處斷スルコトヲ得サルヲ以テ同法第三十一條ニ依リ右新舊兩法ヲ比較スルニ治安維持法第五條第一項ハ死刑、無期竝三年以上ノ徒刑ヲ定ムルモ暫行懲治叛徒法第三條ハ十年以上ノ徒刑ヲ定ムルノミナルヲ以テ結局新法タル治安維持法第五條第一項所定ノ有期徒刑ニ依リ處斷スヘキモノトス仍テ其ノ所定刑期範圍内ニ於テ被告人ヲ徒刑十二年ニ處シ尚刑法第六十三條ニ依リ裁判確定前ノ勾留日數中二百日ヲ右本刑ニ算入スヘキモノトス

このように、佐藤大四郎判決文は、さすがその道練達のプロが書き下ろしたものであるだけに、三

段論法であるにせよ、それなりの説得力を持っていて、一読、再読、そこに論理的な欠陥を見いだすことが困難であるように思えるのだ。

ただし、この判決文の興農合作社事件関係者への適用性について改めて考察してみた場合、①の「國體變革企圖」はあくまで推論に過ぎず、そこから「窮極ニ於テハ」とジャンプして②の「社会活動実態」を種々述べてみたところで、何しろ当時全満洲で一万二千名もいた興農合作社役職員には、其の手の人はごまんといたわけで、一々検挙・訴追していたら切りが無いこととなる。つまりは、宣傳罪にあっては、③の「宣傳媒体・活動」があって始めて、①+②+③としての「犯罪行為の処断=判決」が可能となってくる。従って、宣傳罪とは、相当程度の発信力と発信行為のある者でなければそもそも成立しないもので、関東憲兵隊が、満洲国警察とともに、大張り切りで五十名余の興農合作社関係者を一斉検挙してみたものの、そのうち新京高等検察庁が宣傳罪で起訴し得たのが結局六名に止まったことが、このことを雄弁に物語っていたと思える。

Ⅲ　現代版「焚書坑儒」としての治安維持法第五條第一項「宣傳罪」

そしてそこには、「宣傳罪」に関して、次のようなことさえも、起こっていたのだった。即ち、満洲国警察による二十名余の検挙者のうちの唯一の起訴者で、満洲国検察が満洲国警察に花を持たせるためだったのでは無いかとさえ思われる、田中武男と野川隆（両名とも徒刑三年判決）のうちの絵描き・詩人の野川隆について、前掲の山田清三郎は、「野川の起訴事実の中に、彼が満洲に来てから出版した小さな詩集『七つ星』もはいっているのを知って、私は満洲における言論・表現の上に襲いかかっている黒い影と毒牙の恐怖に慄然とした」（前掲書156）と記述しているのだ。野川は、自分自身の生き甲斐を求めて、ハルビン近く、松花江の北の呼蘭にて、農村現地入りして合作社活動を行っていた「前歴もの」だが、彼は、王道楽土での民族協和風な小さな詩集『七つ星』の出版によって（それだけではないかも知れないが）宣傳罪該当として徒刑三年を科せられ、そして死んでいった。

ここまでくると、第七章の「治安維持法の公布・施行」の項にあって、叛徒法とその改正法である治安維持法の、それぞれの目的に関して述べられている「取り締まられる側のシロウト的な心配」が、現実のものとなってきたのだった。

即ち、野川隆の詩集『七つ星』は、相当な拡大解釈をして「國體ヲ變革スルコトヲ目的トシテ其ノ目的タル事項ヲ宣傳シ」た、とこじつけ得たのかもしれないが、いかに拡大解釈をしたからといって、「國憲ヲ紊亂シ國家存立ノ基礎ヲ急殆若ハ衰退セシムル目的ヲ以テ其ノ目的タル事項ヲ宣傳シ」た、とまでは、通常の日本語の常識からすれば、到底考えられないように思えるからだ。

つまりは、立法者が意図していたかどうか別として、法改正として、「國憲ヲ紊亂シ國家存立ノ基礎ヲ急殆若ハ衰退セシムル目的ヲ以テ」＝「國體ヲ變革スルコトヲ目的トシテ」、としたがために、犯罪行為としての宣傳の範圍が、急拡大してしまったのではないか。逆に言えば、「宣傳」そのものの意味は変わっていないにしても、その前に置かれる形容句によって、違法である範圍は当然変わってくるのであり、その意味からして、治安維持法第五條宣傳罪該当とした場合、その多くが、事実上の「事後法による処罰」だったのではないか、ということである。

更に、ここまで考察を進めてくると、興農合作社事件検挙者に対比するに、満鉄調査部事件検挙者の、「宣傳罪」に対するバルネラビリティー（脆弱性）が、改めて浮かんでくるように思われるのだ。それは、次のようなことを意味している。即ち、「團體結成罪」にあっては、「入り口論」的なところがあって、いかに拡大解釈を試みようとしても、「團體」の定義の段階でどうしてもブレーキがかかってしまう。これに対して「宣傳罪」の場合は、「出口論」的であり、まずは前述の③「宣傳媒体・活動」をしっかりとおさえておく。満鉄調査部にあっては、例えば大上末廣の如くに、優秀部員であるほどに「宣伝媒体・活動」の例示にこと欠くことはない筈だ。そのあとは、①と②とを丁寧に書き上げてマジックワード「窮極ニ於テハ」で結び、それを、しっかりおさえた③の前におけば、「前歴もの」は勿論、あやしい左翼分子など、御用とばかり捕まえて、起訴。そして法廷で「一丁上がり」ということになってしまうのだ。

先回りすることになってしまうが、実際、満鉄調査部事件にあって、事態は、時間の経過とともにそのように動いていき、結果的には、四十四名の検挙者のうち、十九名が関東憲兵隊か満洲国検察によって釈放されたものの、五名が未決段階で死亡、二十名が執行猶予付徒刑三年の有罪判決、という悲劇をもたらしたのだった。

これこそまさに、山田清三郎がいみじくも述懐していた「満洲における言論・表現の上に襲いかかっている黒い影と毒牙の恐怖」、すなわち、関東憲兵隊に一度目をつけられたらやられてしまう、現代版「焚書坑儒」、治安維持法第五條「宣傳罪」の正体であった。

Ⅳ　満鉄調査部事件第一次検挙者の事件送致開始

五月に入って内地より本件の専掌検察官三名が増強され、また、新京高等検察庁の検察官一同が、ようやく高等法院判決関係事務の超多忙状態から解放されたこともあって、五月八日、ようやく、満鉄調査部事件第一次検挙者の事件送致が開始された。この頃ともなると、関東憲兵隊としても、旧法・新法の適用制約條件のもとでの治安維持法の條文、即ち、団体犯罪である第一條第一項（團體結成等）及び第二項（團體參加）、更には個人犯罪である第五條（宣傳罪）を、彼等なりに学習し、可及的に都合良く読み込んで、事件送致として、いわば高めの剛速球を投げ込んでくるようになっていた。

かくして、関東憲兵隊事件送致の第一号となったのは、満鉄新京支社調査室の吉植悟と元同調査室所属でのち満鉄東京支社調査室所属となっていた狭間源三の両名で、送致理由は、「集團（新京グループ）活動として」、適用法條は、吉植の場合、法定刑が「死刑又ハ無期徒刑」である治安維持法第一條第一項（團體要務掌理）、狭間の場合、法定刑が「死刑又ハ無期若ハ十年以上ノ徒刑」である同法同條第二項（團體參加）であった。次いで、十日、新京支社調査室所属の下條英男と吉原次郎の二名が事件送致された。送致理由、適用法條は、狭間源三と同一であった。つまりは、この四名は、満鉄新京支社調査室にあって、「新京グループ」という團體に所属して、吉植が團體要務處理者、他の三名が團體參加者として、それぞれ活動していたという、関東憲兵隊の見立てであり、満鉄調査部事件第一次検挙者の容易ならざる前途をうかがわせるに充分だった（のち、この四名ともに、新京高等検察庁より、「宣傳罪」該当として起訴された）。

　吉植悟は、東北帝大法文学部昭和十年卒。戦後、日本に戻って、経済企画庁調査局経済研究所長などを歴任した人物。当時満鉄新京支社調査室に所属して、協和会の『協和運動』誌に「満洲労働政策の展望」（昭一五・八、上野三平名）などを寄稿したりもしていた労働政策の専門家。学生時代にマルクシズムに傾倒したりはしていたが、とりわけて前歴や活動歴があったわけでは無かった。新京支社調査室所属の松岡瑞雄が関東軍司令部第五課に転属になった後に、彼のあとを引き継いで勉強会の世話役をやっていたがための、新京グループという「國體ヲ變革スルコトヲ目的」とした「團體」の、「結成」ではなく「要務ヲ掌理シタ」ということで、法定刑「死刑又ハ無期徒刑」という処罰を求めての事件送致だった。ここまでくると、司法警察機関たる関東憲兵隊の、牽強付会どころか、余りにも偏執狂的な魔女狩りぶりに、慄然とならざるを得ないのだ。

　関東憲兵隊によって満鉄調査部事件の首魁の一人と目された関東軍総司令部第五課勤務の松岡瑞雄の場合には、既往の昭和十八年三月二十三日、新京憲兵隊によって検挙されており、その送致は、秋に至っての、第一次検挙者の送致のうちの、最後の方になった。

Ⅴ　同時期の太平洋戦争での相次ぐ悲報

　柳や楡の新緑が鮮やかな昭和十八年五月、満洲国の首都新京では、前述のように、団体犯罪たる治安維持法第一條と個人犯罪たる同法第五條の両刀を用いての関東憲兵隊の満鉄調査部魔女狩り劇が進行しつつあった。そんな折りのこと、満洲在の日本人にとって、三ヶ月前のガダルカナル島での「激戰敢闘克ク敵戰力ヲ撃摧シツ、アリシガ　其ノ目的ヲ達成セルニ依リ二月上旬同島ヲ撤シ他ニ轉進セシメラレタリ」との大本営発表の際に漠然と感じた戦局の前途への不安を、更に倍加する盟邦日本の大本営発表が二つあった。

その一つは、五月二十一日、「聯合艦隊司令長官海軍大將山本五十六ハ　本年四月前線ニ於テ全般作戰指導中敵ト交戰　飛行機上ニテ壯烈ナル戰死ヲ遂ゲタリ　後任ニハ、海軍大將古賀峯一親補セラレ既ニ聯合艦隊ノ指揮ヲ執リツツアリ」とするものだった。それは、大東亜戦争開戦以来、国民的英雄であり続けた聯合艦隊司令長官山本五十六の悲報。それは、満洲在の日本人に対しても、これまで勝利続きの筈だったこの戦争の行方に、漠とした不安を感じさせるに充分なものだった。

それから十日ほどたった五月三十日午後五時、大本営は、「海ゆかば」の前奏とともに、次のような悲劇的発表を行った。

アッツ島守備隊ハ五月十二日以來極メテ困難ナル狀況下ニ寡兵ヨク優勢ナル敵ニ對シ血戰繼續中ノ處　五月廿九日敵主力部隊ニ對シ最後ノ鐵槌ヲ下シ皇軍ノ神髓ヲ發揮セント決意シ全力ヲ擧ゲテ壯烈ナル攻擊ヲ敢行セリ、爾後通信全ク杜絶　全員玉砕セルモノト認ム、傷病兵ニシテ攻擊ニ參加セザル者ハ之ニ先ダチ悉ク自決セリ、我ガ守備部隊ハ二千數百名ニシテ部隊長ハ陸軍大佐山崎保代ナリ

敵ハ特種優秀装備ノ約二萬ニシテ五月廿八日迄ニ與ヘタル損害六千ヲ下ラズ

事態の直視を阻み糊塗するキーワード。ソロモン群島のガダルカナル島にあってのそれは、「轉進」だったが、北太平洋の果てアリューシャン列島のアッツ島にあってのそれは、より悲痛な「玉砕」だった。アッツ島守備隊の部隊長、陸軍大佐山崎保代は、二階級特進して陸軍中将となり、軍神と讃えられた。また、このアッツ島攻防戦の詳細は、山田耕筰作曲の「アッツ島血戦勇士顕彰国民歌」として、中学生といわず小学生をも含めて、広く歌われることになった。そして、その歌詞中の「傷病兵は 自決して 魂魄ともに 戦へり」と、「敢然闘と 諸共に 敵主力へと 玉砕す」とが、このアッツ島を嚆矢として、以後二年に亘って続く、太平洋の島々をめぐっての日米攻防戦の悲劇的定番となってしまったのだった。

第十三章　からっとした夏が到来した新京で

I　関東憲兵隊の新司令官、大野廣一陸軍少将としては

新京の関東憲兵隊に、再び三たびの夏がやってきた。思えばこの両三年、関東憲兵隊にとって、夏といえば何かの大事が起こっていた。

関東憲兵隊の現司令官大野廣一少将は、昭和十六年の春、関東憲兵隊の総務部長として新京に着任したのだったが、その前の年、昭和十五年夏には、関東憲兵隊のお膝元の首都新京での、満洲国の準政府機関ともいうべき満洲帝国協和会の平賀貞夫実践部実践科員の、東京警視庁係官による検挙劇があった。それは、日頃、満洲国の司法警察機関をもって任じていた関東憲兵隊にとって、君たちは何をしていたのかと言われたような、やや屈辱的な思い出だった。

だがこの検挙は、いまとなっては関東憲兵隊にとって「ウエークアップ効果」が充分だったというべきで、これを機に、東京の憲兵司令部本部からの連絡や、そしてその指導の下に、協和会中央本部「嘱託室」に出入りしていた連中だとか、検挙された平賀貞夫が新京に配置換えになる前に所属して

いた協和会綏化県本部時代に付き合っていた前歴ものたちなどの不穏・不審な人物たちの綿密調偵を開始したのだった。

大野司令官は、前関東憲兵隊司令官加藤泊治郎少将が、昭和十八年一月四日、憲兵組織の総元締めの憲兵司令官に転出した際の後任として、関東憲兵隊の総務部長から、急遽、現職に昇格就任したのだった。思いおこせばその大野少将の関東憲兵隊総務部長への着任時、昭和十六年三月には、この綿密調偵が、既に着々成果をあげ始めつつあった頃のことだった。だが、その昭和十六年夏は、大日本帝国の進路として、北進論、南進論がせめぎ合う中で、満洲では、北進論を具現化するための大動員、関東軍特種演習や関東防衛軍の新設があったりして、帝国陸軍の一翼をになう関東憲兵隊としても、嵐の前的雰囲気の中、事態の推移をひたすら固唾をのんで見守る日々だった。

秋口となって、ようやく北進論に終止符が打たれたところで、一年余に亘る綿密調偵努力を活用しうる時宜をえて、満洲国の今後に備え、東京でのゾルゲ事件の摘発にも刺激され、満洲国の政府機関、準政府機関、公的機関などに散在する危険分子、獅子身中の虫退治に乗り出したのが昭和十六年十一月四日のこと。関東憲兵隊、満洲国警察ともどもの、五十余名に及ぶ興農合作社関係者を中心とする一斉検挙がそれだった。途中過程で、満洲国側における種々の法的、制度的な制約に直面し、色々苦労はあったけれども、兎にも角にも、満洲国の「國體ノ變革」を図らんとする恐るべき秘密結社無名中核体五名の摘発・訴追に成功したのだった。

この間にあって、事件関係の検挙者の中から、関東憲兵隊の国を思う衷情を理解して真の日本人に立ち戻った協力者も現れて、満鉄調査部内に、満洲国の進路を誤らせる多数の左翼分子が存在していることが浮かび上がってきた。一年前の昭和十七年の春から夏にかけては、彼等をいかに摘発するか、その具体的な手法、方法論の部内検討に明け暮れていたのだった。

そして昨年八月一日、憲兵司令部本部長だった加藤泊治郎少将が、東條英機総理大臣兼陸軍大臣閣下の意向を体し、その全幅の信頼の下に、直々、関東憲兵隊司令官に任命されて新京に着任。爾来、加藤少将は、自身の数年に亘る満洲での憲兵隊勤務の経験を生かして、満鉄調査部関係容疑者摘発にあたっての総指揮をとり、難関だった第一次検挙者の絞り込み、そして、二十八名に及ぶ九・二一事件容疑者の一斉検挙にあたったのだった。

僅か五ヶ月の新京在任中、加藤少将は、このような確たる成果を挙げて、今年初めに東京に戻られて憲兵司令官に昇任されたのであるが、関東憲兵隊は、昨秋の九・二一検挙以来、検挙者の尋問・取調べにあたり、加藤少将の離任後も、その衣鉢を受け継ぎつつ、全力を挙げてこの難事件の全容解明に努めてきて現在に至っている。

他方、昨年夏の中核体五名への「團體結成罪」判決に加えて、先般、新京高等法院による「宣傳罪」判決も確定し、満洲国における治安維持法の適用上、中核体などの団体犯罪のみならず、個人犯罪をも処罰することへの道が法的にも確たるものとなり、関東憲兵隊があれだけ苦労した興農合作社事件も、ようやくその苦労が報われたというものである。かくして、現在進行中の満鉄調査部事件も、これで何とか事件処理にあたっての法的着地点が見えてきたようでもあり、満洲国検察との連絡、協調も進んで、関東憲兵隊も、満洲国の司法警察機関として、容疑内容の固まった検挙者を、逐次、新京高等検察庁に容疑内容とともに、事件送致を行なうに至っている。

　ことここに至って改めて考えてみれば、「満鐵は我が大陸政策遂行上又新興滿洲國の發展上將又支那事變以降大東亜戰争下、陸海軍の作戰に對する貢献尠なからず」（『関憲報告』563）であったし、更に今後の大東亜戦争の容易ならざる戦局の推移を展望するにつけ、関東軍を含むわが帝国陸海軍の迅速適切な戦力再配置に満鉄の果たす役割は、益々、重かつ大になるものと思料される。他方、大東亜戦争にあっての戦域の広範化とともに、方面軍、派遣軍、駐屯軍などなど、海外派兵兵員数も膨大となり、各地にある派遣憲兵隊の質量ともの充実が急務で、ひとり関東憲兵隊に止まらざる憲兵の効率的利用も又、強く要請されるに至ってきている。

　更には又、昨今、満鉄当局としても、今日の如き事態が招来されたことに深く反省するところがあり、引き続き自粛処置を強めて行く所存の如く見受けられる。

　などなど、このところの急速な諸情勢の推移展開に、関東憲兵隊として、如何に対応するをもって上策とするのだろうか。

Ⅱ　七月十三日、九・二一事件第二次検挙命令下る

　九・二一事件第二次検挙命令は、十ヶ月ほど以前に下された九・二一事件第一次検挙命令の、著しく緊張感を欠いたカーボンコピーであった。

　関係する憲兵隊は、いわば仲間内の新京、奉天、大連の三憲兵隊。「剔抉芟除」などという仰々し

い用語は見当たらず、要すれば事務的で、第三項の別紙第一記載の検挙予定者は、第一次の二十八名に比して、九名であった。

關憲作命第三六七號　　關東憲兵隊命令　　七月十三日十時　於　新京

一、九・二一事件關係容疑者新ニ判明セリ
二、關東憲兵隊ハ九・二一事件第二次檢擧ヲ實施セントス
三、新京、奉天、大連、憲兵隊長ハ別紙第一ニ基キ容疑者ノ檢擧竝ニ留置ニ任スヘシ檢擧着手ハ七月十七日トス
四、細部ニ關シテハ昭和十七年九月十七日關憲作命第三三四號警務部長細部指示ニ依ルヘシ

關東憲兵隊司令官　大野少將

別紙第一による予定検挙者九名の内訳は、大連隊が、發智善次郎、石堂清倫、田中九一、伊藤武雄の四名、奉天隊が、佐瀬六郎、武安鐵男の二名、新京隊が、平野蕃、守随一、代元正成の三名。このうちの、發智善次郎、武安鐵男、平野蕃、守随一、代元正成の五名が、前述のように、すでに調査局付とする満鉄当局の自粛処置の対象となっていた。

なお、この昭和十八年七月十七日の第二次検挙の背後事情については、いろいろ言われているところだが、満鉄側における大規模自粛処置を前提としつつ、この第二次検挙をもって満鉄調査部事件の

満鉄の本拠、大連在の旧満鉄本社の現況：筆者撮影

追及は事実上打ち止めとする、との関東憲兵隊と満鉄当局側との暗黙の了解のもとに、満鉄当局側が、関東憲兵隊側に、検挙の候補者リストを提出したとする見方が強いようだ。事実、田中九一、伊藤武雄、武安鐵男の三名は、前述の鈴木小兵衛が作成主体者となった六十八名リストには不掲載で、関東憲兵隊としてはノーマークであった（なお、その後としては、田中九一と武安鐵男は、関東憲兵隊により釈放され、伊藤武雄は、送致後、起訴猶予となった）。

Ⅲ　満鉄による広範な自粛処置の実施

満鉄当局は、満鉄の自粛処置の第一歩として、昭和十八年三月一日付で、九・二二事件第一次一斉検挙者の解職を行い、第二歩として、同年五月一日付で、大連在の満鉄調査部の、新京在の満鉄調査局への格下げ移転を行った。

更に、七月十七日の第二次検挙後の八月に至って、第一次、中間、第二次などの検挙者以外の、他機関出向者を含む満鉄調査部関係職員四十名に付き、配置転換、現業出向、降格、嘱託解除等の行政処分を実施した。この処分の対象者には、戦後の日本で活躍した佐々木義武（通商産業大臣）、向坂正男（経済企画庁総合計画局長）、岡崎次郎（法政大学教授）、天野元之助（大阪市立大学教授）、平野義太郎、井上晴丸（立命館大学教授）らがいた。

現業出向などというと、まだ聞こえがいいが、早く言えば駅の切符売りや雑役のような仕事であり、向坂正男などは、満鉄の地方の小駅に「現業出向」したのだが、勿論それでも、第二次検挙候補者リストに載って関東憲兵隊に検挙されるよりは、はるかにま・し・であった。

Ⅳ　憲兵司令官と関東憲兵隊司令官の更迭人事

夏も終わりの八月二十六日、東京と新京とで、憲兵高官をめぐっての人事異動があった。

その一は、年明けの一月四日に新京の関東憲兵隊司令官から東京の憲兵司令官に着任したばかりの加藤泊治郎少将の、北支派遣憲兵隊司令官への転出。後任の憲兵司令官は、陸士同期の中支派遣憲兵隊司令官大木繁中将であった。この人事によって、東京に於ける東條首相・陸相の憲兵の側近としては、東京憲兵隊長四方諒二大佐のみとなった。なお、四方大佐は、のち、異例となる憲兵司令部本部長を兼務したりもして、昭和十九年七月の東條内閣崩壊後の同年十一月まで東京憲兵隊長の任にあり続け、上海憲兵隊長に転任した。

右と同日の八月二十六日、関東憲兵隊司令官大野廣一陸軍少将が、陸軍憲兵学校長に転出した。後任は、陸士一期上の、三浦三郎陸軍中将であった。加藤少将の憲兵司令官からの、そして、大野少将の関東憲兵隊司令官からの、二人の同日付の更迭は、政治劇としての満鉄調査部事件の終了を告げるサインでもあった。

なお、大野少将が年明けの一月四日付で関東憲兵隊の総務部長から司令官に昇格した際、後任の総務部長には、昭和十五年八月以来、関東憲兵隊の警務部長を務めていた、大野少将と陸士同期の長友次男陸軍少将が就任し、引き続いて警務部長をも兼務する体制となっていたが、今回の関東憲兵隊司令官の更迭後も、実務に支障が生ずることのないよう、長友総務部長兼警務部長のままとされた。かくして長友次男少将は、興農合作社・満鉄調査部事件に関して、昭和十八年末に、関東憲兵隊としての容疑者の事件送致、釈放等の一切を了し、残務整理を経て、昭和十九年三月、昭和十五年八月以来三年半に亘っての関東憲兵隊の警務部長職を離れ、大阪憲兵隊長に転任した。

V　協和会中央本部総務部長、菅原達郎としては

八月も終わりとあって、ここ協和会中央本部は人影もまばらで、閑散とした様相を呈していた。満洲帝国協和会の実務を取り仕切る菅原達郎総務部長は、先刻、自分が直接指示・作成させ、人事科長が持参した㊙とある人事決裁文書二通に、相当程度の安堵感となお残る若干の懸念とともに、決済印を押したばかりだった。決裁文書は、興農合作社事件関連で関東憲兵隊により検挙された満洲帝

国協和会会務職員に関するもので、そのうちの一通は、熱田基中央本部総務部参事の、他の一通は、鈴木小兵衛中央本部調査部参事の、ともに昭和十八年八月三十一日付をもってする、解職辞令であった。それは、組織としての満洲帝国協和会の、興農合作社・満鉄調査部事件に関しての、ケジメ、自粛処置であった。

思い起こせば熱田基は、昭和十六年十一月四日、興農合作社事件関係一斉検挙時に、ソ満国境在の協和会東安省本部事務長として検挙され、以後、協和会の「嘱託室」関連や、満鉄調査部から協和会に移籍した鈴木小兵衛との関係などについて、関東憲兵隊による執拗な尋問・取調べをうけていた様子だった。そして、満鉄調査部事件第一次検挙の後も、なおその勾留は続き、彼が新京高等検察庁に送致されたのは、昭和十七年末のこと。関東憲兵隊の勾留期間は、一年二ヶ月に及んだ。そして、当該送致に基づき、新京高等検察庁においての更なる取調べの結果、結局、起訴猶予となって、十八年四月に釈放されてはいたのだった。

もう二年近く前になる興農合作社事件一斉検挙時の熱田基の検挙の際には、彼の経歴や中央本部時代の彼の言動などからして、協和会内でもその検挙理由をいぶかる声が大勢だった。しかしながら、その後、菅原自身が満洲帝国協和会に着任する昭和十六年初頭以前の、昭和十五年の年間を通じて実践部に設置され、熱田基実践科長が室長格だった「嘱託室」について菅原がいろいろ調べて見ると、熱田個人の責任に帰するのは酷かもしれないが、回顧的に見れば、確かに、関東憲兵隊の疑惑を招くことになったかもしれない事柄も存していたのだった。その一つは、警視庁によりその後検挙されることとなる平賀貞夫を、協和会綏化県本部長代理から実践科員に採用の上重用していたこと。そして鈴木小兵衛の満鉄調査部から協和会職員への転職の強力斡旋。更には、ゾルゲ事件に連座して検挙・訴追され、近く東京刑事地方裁判所においてその判決が下されることになっている尾崎秀實を、「嘱託室」の顧問格の扱いとして、昭和十五年の九月に新京で開催された満洲帝国協和会全国聯合協議会にも招聘して、ご意見を拝聴したりもしていたことなど。幸い熱田基は、起訴猶予にはなったが、関東憲兵隊として、これらについての熱田基の役割を問題視していない筈はなかったがゆえの、長期勾留に違いなかった。

その「嘱託室」については、昭和十六年初頭の協和会大改革に際して、「室」として存在しなくなり、また、「嘱託室」活動に熱心だった職員たちも、政府や関係機関にバラバラに配置転換され、それぞれの配置転換先で検挙されていたのだった。もしあの時の協和会大改革なかりせば…………そうだったとすれば、中央本部からも相当数の検挙者が出ていて、組織としての大きな責任問題になっていたのかもしれなかった。熱田基が起訴猶予となって刑事責任を問われることがなくなったにしても、満鉄当局が大規模行政処分を打ち出したことでもあり、協和会としても、やはり一つのケジメとして解職処分とせずばなるまい。

鈴木小兵衛の場合は、熱田基と違って、昭和十六年十二月三十日のその熱海での検挙以来現在に至るまで、関東憲兵隊による勾留続きでいまだ送致すらされていなかった。鈴木は、昭和十五年の夏に、当時の熱田基実践部実践科長の強力な推薦で大連の満鉄調査部から協和会企画局第三科長に転職してきたのだった。昭和十五年当時は、「嘱託室」にあって活躍もしていたが、昭和十六年初頭の協和会大改革後は、中央本部調査部参事の身分となったものの、さしたる活躍はしていなかった。そして、一斉検挙に遅れること二月ほどの十六年の年末に、熱海で単独検挙の憂き目を見たのだった。

その鈴木が検挙されるに至ったのは、興農合作社事件一斉検挙者――主として合作社関係の現地活動家たち――の相当数が、鈴木小兵衛の著書『滿洲の農業機構』を、彼等が大きな影響を受けた本として挙げていたからであった。鈴木は又、農業・農村問題の専門家として著名であり、昭和十四年当時まだ協和会嘱託だった頃、協和会中央錬成所において、『滿洲の農業機構』を簡約したような内容の「我國の農民問題に就て」（『協和運動』昭十五・一）と題する一大講演も行ったりもしていた。第一、鈴木小兵衛が協和会嘱託となったのも、農業・農村問題の専門家であるがゆえだった。

満洲に来るまえ、菅原達郎総務部長は、東京地方裁判所で長らく判事を務めていたのだったが、その裁判官的感覚からすれば、「團體」活動ではなく、「個人」活動としての「宣傳罪」ということであれば、四月に判決のあった佐藤大四郎ほか五名などのケースよりも、鈴木小兵衛の方がはるかに構成要件該当性が高いように思えた。それなのに鈴木小兵衛は、未だ関東憲兵隊によって勾留されたままで、新京高等検察庁への送致すらなされていない。何でも市中の噂では、検挙後の尋問・取調べにあたって、取調官に、新治安維持法では、死刑か無期だと脅かされ、半ば狂乱状態となって、自己の罪科の軽減をも狙って、あること無いこと讒訴に讒訴を繰り返し、それが大きな原因となって、昨秋以来の満鉄調査部関係者の一斉検挙へと繋がっていったとか……。

だが、その満鉄調査部事件も、満鉄当局の各般にわたる自粛処置や七月半ばの第二次検挙で、一応の終末を迎えつつあるらしい。何よりも、満鉄調査部追及の急先鋒だった加藤泊治郎憲兵司令官や大野廣一関東憲兵隊司令官の先日の更迭劇が、それを物語っているように思える。ということで、これまたケジメとして、この際、起訴猶予となった熱田基とともに、関東憲兵隊に勾留中とは言え鈴木小兵衛をも、解職処分とするのが妥当であろう。この満洲帝国協和会会務職員二名の解職処分をケジメとすることによって興農合作社・満鉄調査部事件と、組織としての協和会の関係の終了としたい……以上が、菅原の心底の、相当程度の安堵感のよってくる所以であった。

他方、菅原の心底には、なお残る若干の懸念があった。それは、鈴木小兵衛が「依然として関東憲兵隊によって勾留されている」という事実からくるところのものだった。

今回の興農合作社・満鉄調査部事件にあっての検挙、送致、起訴、判決の一連のプロセスの大筋を考えてみると、興農合作社事件の一斉検挙は、主として興農合作社の「前歴もの」を中心とする現場活動家たちについての関東憲兵隊の内偵の結果によるものであった。これに対して満鉄調査部事件にあっての検挙者たちは、関東憲兵隊の内偵結果によるものではなく、主として鈴木小兵衛その他数名によって謂わば刺された、「前歴もの」をも含む満鉄調査部の同僚・知己たちだったのだ。

興農合作社事件の「前歴もの」たちにしても、満鉄調査部の調査マンたちにしても、彼等は彼等で色々な形での、年代的な、また、人的な繋がりが強いのだ。先日も、満鉄調査部第二次検挙のあとで、協和会文化部の、同郷同学の親友松岡二十世君とも話したのだが、松岡君が大連の関東州労務協会に調査部長として来ることになったのは、関東州労務協会常務理事の宮川精一郎氏と先般の第二次検挙の「前歴もの」石堂清倫氏とが石川の小松中学以来の親友で、石堂氏の宮川氏への強力推薦によるものだったとか。その宮川、石堂の二人は二人で、満鉄調査部事件第一次検挙の最大の標的、大上末廣京都帝大経済学部助教授とも、小松中学からの親友三人組。石堂清倫が昭和十三年夏に満鉄調査部入りしたのは、当時満鉄調査部で大活躍していた大上末廣の推薦によるものだったとか。

その石堂は石堂で、松岡君の一、二年後輩だが、東京帝大新人会で一緒の仲良しだったとのこと。そして、肝腎の鈴木小兵衛も又、同時期、帝大新人会に所属していた由。松岡君だって、ちょっとした関係で満鉄調査部入りしていたかもしれず、そうすれば満鉄調査部第一次検挙や第二次検挙の対象となっていたのかも知れなかったのだ。この六月、協和会に文化部を新設したとき、「前歴もの」の松岡君を同部次長職につけなかったのは、もっぱら、当面、彼を、対世間的、対関東憲兵隊的、そして、対鈴木小兵衛的に、できるだけ目立たないようにしておくためだった。要すれば、満洲帝国協和会中央本部に在籍していた鈴木小兵衛が、関東憲兵隊の手の内にある限り、いつ「おおそれながら実は某々は」などと、関東憲兵隊に言い出しかねず、まだしばらくは油断は禁物というものなのだ。

Ⅵ　その頃ユーラシア大陸の西の彼方では

満洲で七月から八月にかけて、満鉄調査部の追及に関して情勢変化が起こっていた丁度その頃、満洲国の西方約五千キロ、モスクワ南方約五百キロのクルスク周辺で、独ソ双方の戦闘参加戦車六千余輌（独三千、ソ三千三百）という、史上最大の戦車戦が戦われていた。この戦闘は、南北千キロをこえる独ソ全体戦線にあって、クルスク周辺が、ソ連軍の突出部となっていて、これを咎める形での独軍の先手攻勢で始まっていた。クルスク攻防戦は、七月五日に開始され、八月二十七日にまで及ぶのだが、この間の両軍の動員兵力は、独軍八十万、ソ連軍百三十万に達し、人的損害も双方で百万を超えた。結局、独軍の攻勢は功を奏せず、次第に戦線の縮小・後退を余儀なくされ、クルスク攻防戦以後、独ソ戦全戦線に亘って、独軍が攻勢に転ずる機会はなくなった。

第二次世界大戦下、五千キロ西方の彼方で、日独伊三国同盟の西方の雄ドイツと関東軍の宿敵ソ連邦の両国軍が、二ヶ月近くに亘って、動員兵力二百数十万、戦闘参加戦車六千余輌の死闘を繰り返していた。その間、ここ満洲国の首都新京にあっては、如何に盟邦大日本帝国の総理大臣兼陸軍大臣閣下のご関心を忖度した結果とはいえ、五、六年も前に書かれて、これまで特に問題視された訳でも実害があった訳でもなかった論文を今更本棚から引っ張り出してきて、お偉方たちが、「窮極ニ於テ」、満洲国の「國體ノ變革」の意図が有るとか無いとか議論しているようでは、軍・官・民の指導者の間にあって、いかに「世界大戦」というものへの認識が欠如していたか、思い半ばに過ぎるものがある。事実、この「變革」不可である筈の満洲国の「國體」は、この二年後の昭和二十年八月九日のソ連軍満洲一斉侵攻開始の九日後の、同月十八日深更、鮮満国境の寒村、大栗子での、満洲国皇帝溥儀の皇帝退位宣言により消滅した。満洲国治安維持法の根幹をなす、満洲国の「國體ヲ變革スル」とは、一体全体何だったのであろうか。

第十四章　終わりの始まりの年はかくして暮れていく

Ｉ　昭和十八年の秋の到来

昭和十八年の秋は、三年半に亘る大東亜戦争の丁度折り返しの時期とあって、回顧的には、月を経るごとに、「終わり」があちこちに顔をのぞかせ始めていたのだった。

ヨーロッパでは、九月に入ってすぐの八日、イタリアが、連合国側に無條件降伏し、ここに日独伊三国同盟の一角が崩れ去った。

満洲にあっては、昭和十八年前半期までは砲兵や工兵関係の比較的小部隊単位だった関東軍からの南方戦線への兵力転用が、後半期には本格化していったのだった。前年七月に第一方面軍とともに編成されたばかりの阿南惟幾司令官隷下の第二方面軍が、十月一日、インドネシア、セレベス島方面に転用されていった。

この頃の満洲国の盟邦大日本帝国では、満洲における興農合作社事件摘発の一要因でもあった国際スパイ諜報団ゾルゲ事件に関して、九月二十九日、高田正東京刑事地方裁判所第九部裁判長は、麻布区永坂町フランクフルター・ツアイトゥング特派員リヒャルト・ゾルゲと、目黒区上目黒元満鉄高級嘱託尾崎秀實（東京支社駐在）の両名に、国防保安法第四條第二項、「外国ニ漏泄スル目的ヲ以テ国家機密ヲ探知シ又ハ収集シタル者之ヲ外国ニ漏泄シタルトキハ死刑又ハ無期若ハ三年以上ノ懲役ニ処ス」、に該当するとして死刑判決を下し、ここに一大国際スパイ事件は幕を下ろした。このゾルゲ事件の日本側首謀者尾崎秀實が満鉄高級嘱託であったことが、関東憲兵隊をして、尾崎が満洲国にとってもスパイ的役割を果たしていたのではないかとの疑念を持たしめた所以であったが、この点は、結局、具体的証拠を得るに至らず、未解明のままに終わった。

高田正裁判長、尾崎秀實元満鉄高級嘱託、菅原達郎協和会総務部長などは、それぞれ、東京帝大法学部大正十四年卒の同期生。鈴木小兵衛は経済学部卒で、大正デモクラシー末期を、みなが東京帝大本郷キャンパスで過ごしていたのだった。なお、ゾルゲ、尾崎の両名は、大審院での上告棄却を経て、昭和十九年十一月七日のソ連革命記念日に、それぞれ死刑が執行された。

十月二日、戦局の悪化に伴う兵員不足の補充のため、「在学徴兵延期臨時特例」が公布され、ここに「花も蕾みの 若桜 五尺の生命 ひっさげて 国の大事に 殉ずるは 我等学徒の 面目ぞ ああ紅の 血は燃ゆる」（「ああ紅の血は燃ゆる」）と歌われた学徒出陣が始まったのだった。そして、十月二十一日、折から雨ふりしぶく明治神宮外苑国立競技場では、最初にして最後となった、学徒出陣壮行会が開かれた。陸軍戸山学校軍楽隊の勇壮な軍楽吹奏裡に、見送る側の東條首相兼陸相、嶋田海相、岡部文相、男女学生など五万人の前を、送られる関東地方七十七校の、学徒出陣第一陣、二万五千人が、学帽、腰にベルトの学生服、それに足にはゲートルで、右肩に着剣した三八式歩兵銃を担い、東京帝大大学生を先頭に、雨中分列行進を行った。

壮行会は、藤田東湖の「正氣の歌」からその意をとった東條首相の訓辞と、出陣学生を代表しての東京帝国大学文学部学生江橋慎四郎による「生等もとより生還を期せず、在学学徒諸兄、また遠からずして生等に続き出陣の上は、屍を乗り越え乗り越え、邁往敢闘、以て大東亜戦争を完遂し…………」との悲壮な答辞に続き、会場に集う送り送られる七万五千人全員での「海ゆかば」の大合唱で終わった。

昭和十八年初めのソロモン諸島方面と、同年晩春のアリューシャン列島方面との戦闘での勝利を収めたアメリカ軍は、同年夏以降、中部太平洋への侵攻を企図するに至った。かくして、十一月の初めから、ソロモン諸島の北西に位置し、日本陸海軍の要衝、ニューブリテン島ラバウルから東へ五百キロほどのブーゲンビル島の、陸、海、空あげての攻防戦が開始された。

特にそのうちの、わがラバウル海軍航空基地から出撃する零戦部隊が主力となった「ブーゲンビル島沖航空戦」は、十一月初めの第一次のそれから、十七日の第五次のそれまで、波状的に行われた。この間、大本営は、五、六日の両日は、午前午後の二度にわたって、そして八、九、十日と、続けざまに軍艦マーチを前奏として、「真珠湾以来最大！　海鷲の大戦果」としての発表を行なった。大元帥でもある天皇陛下は、銀翼連ねた海鷲たちのこのような赫々たる大戦果を嘉して、聯合艦隊司令長官古賀峯一海軍大将に対し、勅語を賜った程であった。

これらの連日の如き大本営発表によれば、実際にはほぼ壊滅に瀕していたわが海軍航空隊の損害は軽微で、出撃してきた敵空母は全滅してすでに海の藻屑と消え、のこる敵艦隊も粉砕されつくした筈だった。大本営によるこのような戦果の過大（誇大）と損害の過小（誇小）の発表は、この頃から特に著しくなって、大本営発表にも、その終わりが始まっていたのだった。一般国民は、こういった勇壮な大本営発表を繰り返し聞き、それをあらゆる美辞麗句をもって飾り立てた翌日の新聞紙面を読んで、自分自身を虚構の世界に置き、終わりが始まりつつあるとの冷徹な現実の認識から、無意識的に遠ざかるのを常とするのだった。そしてそれは、個人個人の域にとどまるものではなく、大本営発表シンドロームとも言うべき、日本人全体にかかわる集団性のものであった。

連日の如き大本営発表による「ブーゲンビル島沖航空戦」での銀翼連ねた海鷲たちのこのような赫々たる大戦果に、国民一同等しく沸き立っていた十一月下旬のこと、いよいよアメリカ軍の中部太平洋「島伝い作戦」が開始された。その最初の目標が、ギルバート諸島の環礁、マキン、タラワ両島となったのだった。マキンには五百名ほど、タラワには五千名ほどの日本海軍陸戦隊がいた。両島は、十一月十九日より、米軍の激しい空襲と艦砲射撃にさらされ、次いで二十一日からは、数倍の兵力の米軍の敵前上陸が敢行された。五日間にわたる両島の随所での血戦死闘の後、十一月二十五日、両島のわが軍は、いずれも玉砕して戦闘は終わった。この両島での玉砕戦闘が、以後のアメリカ軍の太平洋「島伝い作戦」にあっての悲劇的定番となってしまった。

大本営が、マキン、タラワ両島を守備していた帝国海軍陸戦隊の全員玉砕を、止むを得ず発表したのは、十一月二十五日の玉砕から一月ほどのちの、暮れもせまった十二月二十日のことであった。

Ⅱ　昭和十八年の秋から冬にかけての関東憲兵隊

内外情勢が変転著しき中にあって、関東憲兵隊としても、流石に、昭和十六年十一月四日に生起した興農合作社事件に引き続いて同十七年九月二十一日に第一次一斉検挙を行った。満鉄調査部事件に、いつまでも係わり合っている訳にはいかなくなった。この点に関しては、関東憲兵隊自身が、次のような大層興味深い記述を行っている（『関憲報告』599）。

> 既述の如く、今次事件は周密なる偵諜により事件の確證を把握し捜査に着手したのであつて、所謂見込捜査とは趣を異にし、且取調の結果、犯罪事實は明瞭にして被疑者は何れも満洲國治安維持法に觸れるものであり、嚴重處罰の方針の下に捜査に當つたのである。而して各種の政治的介入を一切排除し、又苟も私情に惹かれ公正を缺くが如き、或は取調を中途にして事件送致するが如き態度を深く戒め、飽く迄徹底せる捜査をなしたる後、事件送致する方針を堅持した。從って勢ひ取調に長期を要したるものもあつたが之は右方針上當然である。
>
> 然しながら第二次檢擧者處理に於ては情勢の變化により、檢擧後僅か二月乃至四月の短時日に被疑者を處理する必要に立至つたのであるが、其の根本方針に於ては毫も變化を來したるものではなく終始一貫既定方針の下に事件處理に任じたのである。

右の文章をよく読むと、興農合作社事件一斉検挙とその尋問・取調べの過程で、眞の日本人として甦生した鈴木小兵衛らの讒言・讒訴が主因となって第一次検挙に立ち至った満鉄調査部事件の推移を観察してきた立場からすれば、突っ込みどころが多いというよりは、関東憲兵隊の、思い込みと語るに落ちた言い訳に終始している感が深い。とりわけ、後段の傍点部分、「情勢の變化」は、興農合作社・満鉄調査部事件追及の主体であった加藤泊治郎陸軍憲兵少将が、昭和十六年七月以来の、憲兵司令部本部長、次いで関東憲兵隊司令官を歴任した上での、憲兵司令官から、八月二十六日、北支派遣軍憲兵隊司令官に更迭された事実を想起させるのに充分である。

既に述べたように、関東憲兵隊は、「九・二一事件」第一次検挙の半年余後の五月初旬に、ようやくにして吉植悟他三名を、治安維持法第一條第一項又は第二項違反容疑で事件送致した。次いで、六月に三名を第五條第一項違反容疑で、七月に三名を第五條第一項違反容疑、米山雄治を第一條第二項および第五條第一項違反容疑で、八月に三名を第五條第一項違反容疑、渡辺雄二を第一條第一項および第五條第一項違反容疑で、それぞれ事件送致していた。

しかしながら、この間の七月十七日に、九名の第二次検挙を行ったため、憲兵司令官と関東憲兵隊司令官の双方のそれぞれが交替した直後の九月一日現在、関東憲兵隊の未処分勾留中者は、二十六名の多きに達していて、「檢擧後僅か二月乃至四月の短時日に被疑者を處理する必要に立至つた」のは、けだし当然と言えた。

かくして、第二次検挙者九名以外の検挙者にあっては、主として九月から十月始めにかけての送致が進んだ。送致理由は、第五條第一項違反容疑が大勢であったが、三輪武、石田七郎、松岡瑞雄らが、第一條第一項違反容疑を問われていた。

他方、第二次検挙者九名については、十月二十五日から三十日にかけて、六名が第五條第一項違反容疑により送致され、三名が罪状軽微等により釈放された。余談的には、送致された六名のうち二名が、翌十九年一月、発疹チフスに罹患して死亡、二名が起訴猶予となり、最終的には石堂清倫と平野蕃の二名が起訴された。

かくして、昭和十八年十月三十一日においては、関東憲兵隊の未処分勾留者は、当初興農合作社事件で昭和十六年十二月三十日に検挙された鈴木小兵衛唯一人となっていて、このことからも、鈴木小兵衛が、興農合作社・満鉄調査部事件で演じた特異な役割がうかがわれる。

翌十一月一日、満鉄調査部総務課長を務めていて、昭和十七、十八年当時、南方軍の資源調査に参加していた枝吉勇を、スマトラ島から呼び戻して検挙した。この検挙が、興農合作社・満鉄調査部事件を通じての、最後の最後のものとなった。

そして、十一月と十二月は、関東憲兵隊と新京高等検察庁との事務連絡調整にあてられた。

昭和十八年十二月二十六日、関東憲兵隊の下にあって最後の最後まで送致されずに残されていた鈴木小兵衛は、興農合作社事件ではなく、満鉄調査部事件の容疑者、治安維持法第五條第一項「宣傳罪」該当として、新京高等検察庁に送致された。東京憲兵隊による昭和十六年十二月三十日の熱海での検挙後、丸二年がたっていた。

翌二十七日、最後の検挙者枝吉勇が、罪状軽微として釈放され、これをもって満洲国の司法警察機関としての関東憲兵隊の、満鉄調査部事件に係る役割は終了した。昭和十五年七月、平賀貞夫満洲国協和会実践部実践科員の東京警視庁による検挙に触発されて関東憲兵隊による内偵が開始されて以来、三年半の年月が経過していた。

この間、満鉄調査部事件関係容疑者としての検挙者は、興農合作社事件関係の花房森、鈴木小兵衛の両名と、そして最後の枝吉勇を含み、四十四名となった。また、場所的には、満洲や大連のみならず、東京や京都、そして北京、上海、南京、杭州におよぶ大捕物であった。

この四十四名の検挙者中、病気、罪状軽微等で八名が釈放され、残る三十六名が、五月八日の吉植悟、狭間源三を嚆矢とし、十二月二十六日の鈴木小兵衛を掉尾として、新京高等検察庁に事件送致されたのだった。これら三十六名の送致理由は、治安維持法の根幹、第一條関係では、第一項（團體結成）が吉植悟、野間清、渡辺雄二、三輪武、石田七郎、松岡瑞雄の六名、第二項（團體參加）が狭間源三、下條英男、吉原次郎、米山雄治の四名、計十名で、他の二十六名が、同法第五條第一項（宣傳罪）であった。

ことここに至って関東憲兵隊は、「鈴木小兵衛の供述に依り満鐵調査部が、在満日系共産主義運動の温床體、母體であることが判明し、此の本據を掃蕩根絶せざる限り在満日系共産主義運動の絶滅と塞源を期することは至難であることを知り得た」（『関憲報告』541）としていたその満鉄調査部に就いての、満洲国司法警察機関としての捜査に関して、次のような終了宣言を行って凱歌をあげたのだった（『関憲報告』600）。

昭和十七年九月二十一日所謂九・二一事件第一次檢擧に着手し、その後中間檢擧、第二次檢擧を實施し、鋭意愼重なる取調をなしたる結果、昭和十八年十二月二十七日を以て憲兵としては未だ嘗て類例を見ざる劃期的思想事件に對する一切の處理を大過なく終了し得たのである。

このようにして、昭和十八年は、関東憲兵隊による満鉄調査部征伐の年となったのだった。同時に、同年は、興農合作社事件にあって、治安維持法第五條第一項「宣傳罪」該当として有罪判決を受け、奉天第二監獄に収監された六名のうち、五月には佐藤大四郎が、十二月には野川隆と田中武男の二名が死亡するという、痛ましい年でもあった。

そしていまや満鉄調査部事件は、満洲国にあっての司法警察機関である関東憲兵隊の手を離れ、満洲国司法当局の手に移った。

十二月三十日、新京高等検察庁は、あたかも二十六日の鈴木小兵衛の送致を待ち受けていたかのように（待ち受けていたのであろう）、鈴木小兵衛、米山雄治、横川次郎、下條英男、石田精一の五名の起訴を行った。起訴理由は、いずれも、治安維持法第五條第一項「宣傳罪」容疑であった。

満鉄当局は、翌十二月三十一日付をもって、第二次検挙者を解職処分とし、満鉄にとっても、満鉄調査部事件の昭和十八年は、終わりを告げた。

第十五章　昭和十九年の前半期

Ⅰ　昭和十九年の年明け

大陸性気候ゆえに季節の来去の早い満洲国の首都新京は、零下二十度を下回る寒さ続きのさなかに、昭和十九年の正月を迎えた。第二次世界大戦が、枢軸国側の決定的非勢に向かっていくなかにあっても、新京での普段の生活は、まだまだ平和だった。

東方に日本海を隔てた大日本帝国が戦う大東亜戦争は、日本列島の南東の太平洋上はるか数千キロの彼方だったし、何よりもわれわれには、無敵聯合艦隊と、海の荒鷲、海軍航空隊が連戦連勝の赫々たる戦果をあげ続けていた筈だった。

また、ユーラシア大陸のはるか西の彼方数千キロの独ソ戦では、ドイツ軍圧倒的優勢の状況がすでに失われたとはいえ、近く不敗ドイツ装甲軍団によるドイツ軍の電撃的一大反攻があるものと期待されていた。そして、対ソ連ということでは、何よりも我には、関東軍特種演習などで一大強化された、北辺の護り、精強を誇る関東軍がいてくれている筈だった。

回顧的には、昭和二十年夏の破局まで、まだ一年半の年月が残されていたのだが、その最後の一年である昭和十九年は、軍事的にも政治的にも、その前半と後半とで、はっきりと区分されるものとなった。

昭和十六年十一月四日に、興農合作社関係者の一斉検挙として始まり、同十七年九月二十一日、満鉄調査部関係者の第一次一斉検挙へと展開していった興農合作社・満鉄調査部事件は、昭和十八年十二月二十七日をもって、この事件の当初からの積極的推進母体、満洲国の司法警察機関である関東憲兵隊の手を離れ、満鉄調査部事件としての満洲国治安維持法違反容疑により三十六名が新京高等検察庁に事件送致された、という状態にあった。そして、新京高等検察庁は、早くも同年同月三十日、鈴木小兵衛ほか四名を、治安維持法第五條第一項宣傳罪容疑で新京高等法院に対して、第一陣としての公訴提起（起訴）を行ったのだった。

かくして満鉄調査部事件の昭和十九年は、いまや、満洲国の司法機関である、新京高等検察庁による五名の起訴の結果としての新京高等法院での公判開始待ちと、新京高等検察庁における、残る三十一名の処分決定待ち、として始まった。

それぞれが五十名内外の興農合作社事件の検挙者たちと、満鉄調査部事件の検挙者たちの特徴を大別すると、前者は、いわば「現場派」で、場所的には、新京以北の全満にばらまかれていたのだった。これに対して、後者は、いわば「書斎派」で、場所的には、新京関係が七、八名、北京関係、上海関係がそれぞれ四名ほどずついたとはいうものの、残るは殆どが、満鉄本社の存する関東州、大連在の関係者であり、その意味からは、必ずしも満洲的ではなかったのである。また、「書斎派」の健康状態について、関東憲兵隊が、次のような見方をしているのが印象的である（『関憲報告』64）。

事件關係者の健康狀態は極めて不良であって、強健なるものは僅かに二、三名に過ぎず胸部疾患の既往症を有するもの乃至罹患中のもの六割を占め、其の他と雖も一般に健全ではない。その中二名は現在胸部疾患に罹患し、又一名は精神病系統にして身柄拘束中精神分裂症を來した爲責附するの止むなきにいたつた。

Ⅱ　早春の悲劇

昭和十九年の一、二月がことさらに厳しかったからか、前述の如き書斎派の虚弱体質ゆえにか、昭和十九年の早春には、送致者の死亡事件が相次いだ。

新京高等検察庁は、前年十二月三十日の鈴木小兵衛ら五名の起訴に引き続き、明けた一月五日には、鈴木小兵衛と同様の、興農合作社事件検挙、満鉄調査部事件編入の花房森と、大連日日新聞の三浦衛、大連都市交通の林田丁介の三名を起訴猶予処分としたのだが、その同日、奉天第二監獄未決監にて、守随一が、発疹チフスにより死亡した。昭和三年東京帝大経済学部卒の守随一は、東京帝大新人会に所属していたこともあり、満鉄新京支社調査室に在勤して、労働政策が専門で、協和会の機関誌

大上末廣が発疹チフスで死亡した旧新京千早病院：筆者撮影
旧衛生技術廠の道路の向かい側にあって伝染病患者を専門にあつかった。

『協和運動』に寄稿したりもしていた。鈴木小兵衛とは、大学時代も、新京支社時代も、相互によく知り合っていたのだが、不運にも満鉄調査部第二次検挙の対象となり、検挙後、半年にして満鉄調査部事件死亡者第一号となった。

死亡者第二号は、二月三日、奉天第二監獄未決監にて、発疹チフスによる満鉄調査部総務課の發智善次郎だった。同じく第二次検挙の対象者だった。

一月、二月は奉天第二監獄が舞台だったが、三月は、新京監獄の番だった。即ち、第一次検挙の目玉で、昭和十七年九月二十一日、京都憲兵隊によって検挙、新京に護送され、新京監獄未決監に収容中の、石堂清倫の親しい友人で、満鉄調査部でもその俊英をうたわれた京都大学助教授大上末廣が発疹チフスに罹患し、伝染病専門の新京千早病院におくられ、三月十九日、同病院で死亡した。また、興農合作社事件検挙、満鉄調査部事件編入の満鉄北支経済調査所の佐藤晴生は、三月十四日に起訴されたが、三月二十一日、新京監獄未決監にて、栄養障害により死亡し、翌々二十三日、公訴棄却となった。また、満鉄上海事務所調査室の西雅雄が、三月二十五日、同じく新京監獄未決監にて、栄養障害により死亡した。

そしてこの二、三月にかけて、溝端健三（満鉄用度部）、加藤清（満鉄上海事務所）などが起訴猶予となる一方で、いずれも大連の満鉄調査部の、稲葉四郎、野々村一雄、具島兼三郎、それに、東京支社調査室の狭間源三が、満洲国治安維持法第五條第一項宣傳罪容疑で起訴された。

かくして、年度末の昭和十九年三月三十一日現在での満鉄調査部事件の総括としては、関東憲兵隊による検挙四十四名、うち、釈放八名、新京高等検察庁への送致三十六名。そして、新京高等検察庁にあっては、起訴猶予五名、死亡五名、新京高等法院への起訴八名、処分保留十八名となっていた。

他方、興農合作社事件以来からの本件の積極的推進派であった関東憲兵隊、そしてその背後の憲兵司令官と憲兵司令部本部のこの時点における陣容についてみると、加藤泊治郎少将、大野廣一少将、長友次男少将ら、興農合作社事件生起当時からの主要人物は全て舞台から消え去り、残るは、憲兵司令部本部にて昭和十五年から十七年にかけて特高業務担当の第二課（警務課）長をつとめ、この時点で東條英機首相兼陸相の最側近として東京憲兵隊長の任にある四方諒二大佐唯一人となっていた。

そして、その東條英機総理大臣兼陸軍大臣は、二月二十一日、非常時にあって軍政と軍令の統一を図るためとして、参謀総長をも兼務することとしたのであった。

なお、この先のこととして、四方諒二大佐は、サイパン島失陥で東條内閣の存立が揺れ動いていた七月十二日、東京憲兵隊長在任のまま、空席であった憲兵司令部本部長をも、異例の兼務をすることとなった。

Ⅲ　昭和十九年四月の新京

ユーラシア大陸を挟んだ東と西で、連合国側が、昭和十九年六月を期して、一大反転攻勢を目指して着々準備を進めているのを知るよしもなく、新京は、年度替わりの四月を迎えた。東京の日本の中央官庁からの出向組も多い満洲国政府や満洲帝国協和会などでは、恒例の四月人事も年々窮屈になってきたのだった。第一、後述のように、日本、満洲の間の人の往来も、簡単に行かなくなってきていた。

そんな春四月の新京で、昭和十六年初頭に満洲国政府司法部から出向して協和会大改革を断行して以来、協和会の実務を取り仕切ってきた菅原達郎協和会中央本部総務部長が、満洲国政府に転出して、ソ連、朝鮮、満洲の国境にあっての満洲国の戦略的要衝地、間島省省長（県知事相当）に任命された。

満洲国時代の間島省は、その東端がソ連沿海州と百五十キロにわたって国境を接し、南は豆満江越しに朝鮮と接していた。古く清朝時代には、山岳辺境地のため清の行政権が必ずしも及んでいなかったためもあって、数多くの朝鮮農民が次々と豆満江を渡ってこの地域に定着してしまっていたのだった。このような歴史的背景からして、当時の間島省の八十三万余の住民の人口構成は、日系二万四千、鮮系六十一万八千（その多くが農民）、満系十九万二千と、鮮系が四分の三を占めていた。また、山岳重畳とした鮮満国境山岳地帯にあって、金日成等の鮮系共産ゲリラの活動も活発で、これに対する治安・討伐対策も欠かせなかった。

このような自然・社会条件に加えて、間島省をして地政学的に重要たらしめたのは、その省都の延吉を経由しての、新京以北の満洲と日本との間の到達時間が最短であるという点であった。即ち、延吉を起点にすれば、二、三十キロ先の鮮・満国境、図們で豆満江を渡って、豆満江の右岸沿いに百数十キロ南下すれば、朝鮮最北の港まち、羅津に到着する。そこからは、日本海沿岸の日本の諸都市と、太平洋に比して浪穏やかな日本海を比較的小型船でも容易に往来ができたのだった。延吉から、牡丹江、更に北辺のジャムス、西北の哈爾浜に行けたし、また、首都新京は、京図線（現 長図線）で西方五百数十キロだった。満鉄が、朝鮮半島最北の港まち羅津にわざわざ系列の高級なヤマトホテルを置いたのも、日本海湖水化運動のヘソが羅津だったからであった。勿論このような世に謂う「日満最短ルート」の本格的実現のためには、大規模な社会インフラの整備が欠かせず、日中戦争が深化していく中ではあらまほしき「日満最短ルート」は、「日満最短細々ルート」に止まっていたままだったが……。

菅原達郎が間島省省長に任命された昭和十九年四月当時、日満交通のメイン・ルートである神戸（門司）・大連間の定期航路に関しては、軍事徴用による大型船舶不足とアメリカ潜水艦による魚雷攻撃の危険性のため、殆ど通常運行が不可能になってきていた。釜山から満鮮直通列車で朝鮮半島を一気に北上し鴨緑江を渡って奉天、新京に達するための下関・釜山間の関釜連絡船ですら、この頃はすでに、船首には機関砲、船尾には重機関銃を装備し、水兵らしき幾人かが警乗していた。そして、敵潜水艦による魚雷攻撃を避けるため、ジグザグ蛇行をし、下関・釜山間の航行に、かつての数時間増しを要したのだった。大陸を離れた海辺に行けば、そこには、これまでの大陸の中にある新京では感じられなかった、まぎれもない「戦時」があった。

このような情勢変化をうけ、「日満最短細々ルート」が、いつしか「日満安全細々ルート」に変わっていった。そして、昭和二十年も春以降になると、米軍機の日本の南西部主要港に対する機雷敷設によって、これら主要港の港湾機能が麻痺してしまったため、「日満安全細々ルート」が、「日満オンリー細々ルート」に変わっていったのだった。

Ⅳ 師団単位となった関東軍の南方転用

昭和十八年後半期に始まった関東軍からの大規模兵力南方転用は、十九年前半期には更に顕在化した。即ち、野砲兵大隊、戦車連隊、再編成旅団などに止まらず、関東軍の基幹をなす師団単位の抽出が行われるようになり、第九、第十四、第二十八など五師団、兵員数にして約十万がこの頃続々南方送りとなったのだった。勿論、これらの南方転用は、関東軍の対ソ防諜的観点からの最高軍事秘密として行われ、そして、満鉄の全面的協力が不可欠であった。関東軍最高首脳部が、偏狭で軍事的大局的配慮に欠けた関東憲兵隊の満鉄調査部事件の深追いを、いつまでも放置しておく訳にはいかず、それが、前年八月二十六日の、これまで数年に亘る本件追及の当事者、加藤泊治郎憲兵司令官と大野廣一関東憲兵隊司令官の同時更迭という事態の背景となったのだった。

また、このように引き続く関東軍の大規模南方転用が、一年後の昭和二十年五月に始まる、在満日本人成年男子二十五万人の「根こそぎ召集」へとつながり、昭和二十年の「満洲の悲劇」を増幅する大きな要因となった。

V　日本本土の軍事的制圧のためには――ボーイングB29の実戦援用

ユーラシア大陸の東方にあって、満洲国の盟邦大日本帝国が従事するアジア、太平洋海域での戦争は、敵味方双方が、何万、何十万の大軍勢同士、広い戦場で雌雄を決するというユーラシア大陸の西方で戦われているような戦争とは、まったく趣を異にしていた。大日本帝国の本拠、日本列島は、それ自体、戦場から何百、何千キロと隔たった、広い太平洋に浮かぶ難攻不落の兵器廠であり、かつ、要塞であった。戦いの最後を決するのが陸上戦闘であるにしても、海に浮かぶこの兵器廠・要塞の最終攻略の前段階として、海上決戦・航空決戦による制海・制空権を確保した上での、何か特別のものが必要だった。その何か特別のものこそ、昭和十八年にその完成を見た、「超空とぶ要塞」とよばれたボーイング社製の、航続距離五千キロ、爆弾積載量九トンの長距離戦略爆撃機、B29であった。

昭和十九年前半期のアメリカを中心とする連合国側の対日軍事作戦の根幹を成すのは、このボーイングB29の対日実戦援用をいかに早期に実現するかにあった。

この対日軍事作戦の主要ポイントの一つが、前年十一月下旬に、ギルバート諸島のマキン、タラワで始まった中部太平洋島伝い作戦であった。マキン、タラワ両島守備隊の玉砕後二ヶ月を経た島伝い作戦第二陣は、日本の南洋委任統治領であったマーシャル諸島であった。二月初旬、マーシャル諸島クエゼリン環礁の、クエゼリン、ルオット、ナムルの三島へアメリカ軍が上陸し、三島の日本軍守備隊は、二月六日、いずれも玉砕した。次いで、アメリカ軍は、二月十八日、クエゼリン環礁の西北方六、七百キロの、エニゥエトク環礁の、エニゥエトク、メドレン、エンジェビ三島への上陸を開始し、同二十三日、三島とも、全滅、玉砕した。かくして三月以降のアメリカ軍の次なる照準は、日本本土から二千余キロほど離れ、B29による対日戦略爆撃に好適と目されるサイパン島などの北マリアナ諸島攻略へと、ぴたり合わさっていったのだった。

B29による対日戦略爆撃のための、前述の北マリアナ諸島指向の中部太平洋島伝い作戦とは別のいま一つは、米・英・華（蔣介石）の三国の協力によって実施に移されたマッターホルン作戦であった。この作戦は、インドのカルカッタを拠点基地として、B29の機体はもとより、燃料弾薬その他全ての必要物資をこの地に集積し、これら全てを、東北東二千キロ先の、日本軍の軍事力の及ばない中国の成都へ、ヒマラヤ山脈越えで搬送して、成都を、B29長距離爆撃部隊の発着基地とするものであった。

第十六章　第二次世界大戦の帰趨を決定づけた昭和十九年六月

Ⅰ　昭和十九年六月、ついに連合国軍の反攻のための戦機が熟した

菅原達郎満洲帝国協和会総務部長が、間島省省長として新京から延吉に赴任して二ヶ月した昭和十九（一九四四）年六月。回顧的に見れば、その頃、ユーラシア大陸の西と東で、たまたま同時的に、第二次世界大戦の終結をもたらすこととなる三つの作戦の機が熟していた。地理的・場所的にこれを見れば、それらのうちの其の一は、東京や新京から一万キロ以上も離れたユーラシア大陸の西端、フランスのノルマンディー海岸であった。其の二としては、東京や新京から二、三千キロも離れた中国大陸のはるか奥地の都市、いまやパンダの繁殖基地として有名となっているが、古くは『三国志』の諸葛孔明や杜甫草堂で名高い古都の成都。そして、其の三が、同じく東京や新京から二、三千キロも離れた南西太平洋上の、北マリアナ諸島であった。

勿論、其の一は、ヨーロッパにおける対ナチス・ドイツ戦争にあって、つねづねソ連側から要請のあった、対ドイツ軍への第二戦線の結成に関するもの。そして、其の二と其の三は、対日戦にあって

の、B29による対日戦略爆撃に関しての、相互に関連するものだった。

そして、付言すれば、其の一の、米・英など連合国軍による六月のノルマンディー上陸作戦から十一ヶ月後の昭和二十年五月、第二次世界大戦の西方の当事者、ドイツは、連合国側に無条件降伏し、ここにヨーロッパの戦争は終わりを告げた。他方、其の二と其の三の戦略目標、第二次世界大戦の東方の当事者、大日本帝国がポツダム宣言の受諾に伴う「戦争の終結」を内外に宣した昭和二十年八月は、この十九年六月から十四ヶ月後のことであった。この十一ヶ月と十四ヶ月の差こそが、米英ソ三国首脳による昭和二十年二月のヤルタ対日秘密協定に基づき、ソ連をして、日ソ中立條約を破棄して、対日参戦を布告し、八月九日、満洲一斉侵攻を開始せしめたところの三ヶ月だったのである。

Ⅱ　ノルマンディー上陸作戦とバグラチオン作戦——ヨーロッパの西と東で

のちに、D—DAYと呼ばれるようになった昭和十九年六月六日、イギリスのモントゴメリー、アメリカのブラッドレー両将軍指揮下、連合国軍十五万五千名のノルマンディー上陸作戦が敢行された。これは、イギリス本土を基地として、イギリス海峡を南に百五十キロ隔てたフランス北部ノルマンディー地方、即ち、セーヌ川河口からコタンタン半島にかけて、北向きに百キロほどに亘って弓なりに横たわる海岸部一帯への、周到な準備の下に行われたものの、ドイツ軍にとっては不意打ち的となった、一斉強襲上陸作戦であった。

昭和十五年五月、イギリス・フランス連合国軍三十三万のフランス最北部の港まちダンケルクからの悲劇的撤退以来、ヨーロッパ大陸は、ドイツ第三帝国の全面的支配下にあった。その後、昭和十六年六月に始まった独ソ戦では、その当初こそドイツ軍の圧倒的優勢のもとに推移していたが、ソ連軍の持久的反攻体勢が次第に奏功し始め、昭和十九年に入ると、東部全戦線におけるソ連軍の優勢が、ようやく明らかになりつつあった。

かくして、この頃ともなると、ヨーロッパ全体の問題として、ヨーロッパ大陸の西での、いわゆる対独ヨーロッパ第二戦線の結成が、軍事・政治の両面から、最大の課題となっていたのだった。このことは、精強ドイツ軍の軍事的圧力を、三年近くに亘って一手に引き受けてきていたソ連首相スターリンの、かねてからの強い要望であったし、また、アメリカ、イギリスを始めとする欧米諸国側としても、ソ連に、独ソ戦での軍事的勝利の成果を独り占めにさせて、ソ連単独での、ドイツ本土全体やヨーロッパ一円にかけての影響力の行使を許容する訳にはいかない、といった政治的配慮もあった。

この上陸作戦は、「The Longest Day（史上最大の作戦）」という題名で映画にもなったもので、当日の作戦成功により、以後、連合国軍は、ドイツ軍の反撃を随所に各個撃破しつつ、陸続たる上陸を行い、最終的には三百万名にも及ぶ連合国軍兵士が、イギリス本土からイギリス海峡を渡ってこの海岸経由で、ヒットラー総統のドイツ第三帝国からの西ヨーロッパの解放へと向かった。かくして、精強ドイツ国防軍は、いまや、東と西とで二千キロも隔たった戦線での二正面作戦を余儀なくされたのだった。

そして、独ソ間の東部戦線にあって、D―DAY後早くも、丁度三年前にバルバロッサ作戦として独ソ戦が開始された六月二十二日、ベラルーシで、交戦兵力ソ連軍百二十五万、ドイツ軍八十五万に及ぶソ連軍反撃大攻勢の、ナポレオン戦争時のロシアの英雄の名に因む、バグラチオン作戦が開始され、二ヶ月近い激闘の末、ドイツ軍は決定的敗北を喫し、八月末には独ソ戦開始時の軍事的境界線まで押し戻されてしまったのだった。

Ⅲ　対日B29戦略爆撃の開始

インド、カルカッタに置かれたB29戦略爆撃用燃料爆薬等集積基地から中国大陸奥地の発着飛行場基地、成都まで、片道二千キロ弱とはいえ、六千メートル級ヒマラヤ山脈越えとあって、出撃開始の準備が整うまでには、諸種の困難をきわめたのだった。これら諸困難を克服して、漸くにして六月十五日、アメリカ空軍第二十爆撃団所属の七十余機のB29編隊が、成都近郊の四飛行場を発進し、日本本土の最初の戦略爆撃へと向かった。日本本土とはいっても、B29の航続距離五千キロからして、成都から東北東二千五百キロはなれた北九州が戦略爆撃団の往復限界であり、この最初の対日戦略爆撃団の重要目標は、日本製鉄業の中枢、八幡製鉄所であった。B29編隊は、十五日深夜から十六日の未明にかけて八幡近辺の爆撃を行った。

この戦略爆撃そのものの戦果が、比較的限られたものだったとはいえ、B29七十余機の戦略爆撃団が、二千数百キロ離れた目標地点の戦略爆撃を行うことができたということ自体が、その後のB29戦略爆撃の運用にとって、大きな成果となったのだった。

以後、七、八月、更に九月末から十一月にかけて、八幡、長崎、大村、佐世保等北九州各地へのB29編隊の戦略爆撃が敢行されたが、前述のようなB29の航続距離五千キロの関係から、戦略爆撃対象地域は、北九州一円に限られていたのだった。

成都基地から発着するB29戦略爆撃団の往復限界という観点からすれば、日本本土にあっては北九州ということになるのだが、地続きの大陸満洲に眼を転じれば、奉天（瀋陽）以南の南満洲工業地帯は、成都の東北二千百キロほどと、往復限界的には、北九州一円に比して、成都発着戦略爆撃に、より好適であった。

かくして七月二十九日の正午過ぎのこと、成都を発進したB29百機編隊が、突如、鞍山に飛来したのだった。鞍山は、奉天を南下すること七、八十キロの鉄鋼のまちとして知られたところで、そこには、当時、九州の八幡製鉄所に次ぐ鉄鋼生産量をほこる昭和製鋼所があった。B29大編隊の飛来は、主としてこの昭和製鋼所を狙ったものであり、北九州と違って限界飛行時間に余裕があり防空体制が手薄であったこともあって、三十分以上の間、十回ほどの反覆飛来を繰り返しては爆弾を投下していった。かくして満洲も、ここに初めて、第二次世界大戦の直接的な戦火にさらされたのだった。この最初の爆撃から一月余おいた九月に入っての、四日、九日、二十六日の三回、計四回の鞍山の昭和製鋼所を中心とした南満洲工業地帯へのＢ29戦略爆撃があり、昭和製鋼所は、回復不可能な重篤な被害をこうむったのだった。

Ⅳ　対日反転攻勢のとどめ――北マリアナ諸島制圧とＢ29発着基地化

日本海を背に、太平洋を南東に向って弧状に張り出す日本列島。そのなかでも、東京、横浜を中心とする南関東地方から名古屋を経て大阪、神戸へと至るいわゆる東海道ベルト地帯は、日本の工業生産力の大半を占めていた。

Ｂ29対日戦略爆撃のための先輩格、成都を発着基地とする前述のマッターホルン作戦は、諸物資を全て難関のヒマラヤ山脈越え空輸に頼らざるを得ないこと、そして、Ｂ29の往復限界により爆撃対象地が北九州までであること、といった制約のため、いずれにしても限時的、暫定的なもので、副次的に満洲に対しては有効であったにしても、本丸である日本列島、とりわけ、東海道ベルト地帯への本格的大規模戦略爆撃は、事実上、実施困難であった。

これに対してサイパン、テニアンなどの北マリアナ諸島は、この日本列島の心臓部、東京、横浜、名古屋、大阪、神戸と連なる東海道ベルト地帯から、二千三、四百キロの距離にあって、往復限界的観点からして、Ｂ29対日戦略爆撃にとって、いわばうってつけのところであり、昭和十八年暮れ以来のアメリカ軍の中部太平洋島伝い作戦の窮極目標が、北マリアナ諸島を奪取しての、Ｂ29対日戦略爆撃発着基地化に定まっていったのは、当然といえた。

六月十五日、最初の日本本土戦略爆撃であるB29北九州爆撃編隊が、成都基地から飛び立ったのと同じ日、アメリカ軍のサイパン島上陸作戦が開始され、日本でいえば伊豆大島ほどの島の各地で、日本軍守備部隊三万二千とアメリカ上陸軍六万七千との間に、激烈な戦闘が展開されていったのだった。

そして、アメリカ軍のサイパン島上陸開始に引き続く同月十九、二十の両日、日米双方の海軍空母機動部隊同士によるマリアナ沖海戦が行われたのだが、小沢治三郎海軍中将指揮下の日本海軍第一機動艦隊は、スプルーアンス提督指揮下のアメリカ海軍機動部隊により、「マリアナの七面鳥撃ち」と揶揄されるほどの一方的な大敗を喫し、マリアナ海域の制空権、制海権は、アメリカ軍の掌握するところとなった。かくして大本営は、マリアナ諸島の「拋棄」を決定せざるを得なくなり、サイパン島始めマリアナ諸島は、孤立無援の状態に陥ってしまった。

以後、アメリカ軍上陸開始以来三週間にわたる島の各地での激戦の末、日本軍守備隊は次々と玉砕していき、七月七日、サイパン島は陥落した。その際、多くの日本人入植者たちも犠牲となった。その後のこととしては、テニアン島にあっては、七月二十四日、アメリカ軍の上陸開始、八月三日、日本軍の玉砕。また、グアム島にあっては、七月二十一日、アメリカ軍の上陸開始、八月十一日、日本軍の組織的抵抗は終了した。かくしてマリアナ諸島は、次々とアメリカ軍の支配するところとなり、そして、これらの島々は、急速に、二千五百メートル滑走路を二乃至四本持つ、B29戦略爆撃団の発着基地へとかえられていったのだった。

Ⅴ　昭和十九年七月十八日、東條内閣総辞職

マリアナ諸島を日本本土防衛上の「絶対防衛圏」と位置づけ、その確保に、天皇を含めた周囲にも自信を示していた東條英機首相・陸相・参謀総長だったが、アメリカ軍の六月十五日のサイパン島上陸作戦の成功、同十九、二十日のマリアナ沖海戦での日本海軍の大敗、更に、サイパン島での日を追って日本軍の敗勢が決定的となっていく軍事状況に、その威信は急速に失われていった。そして、七月七日のサイパン島陥落は、東條内閣の存立基盤を揺るがせ、重臣連も完全にソッポを向き、倒閣運動さえあちこちに出てくる始末だった。

ここに至って東條首相は、七月十二日、長らく東京憲兵隊長に任じておいた、自らの周辺の最後の股肱の臣、四方諒二陸軍憲兵大佐を憲兵司令部本部長兼務とし、憲兵力をも用いて態勢の立て直しを図るのだが、周囲の同意・協力は全く得られず、七月十八日、遂に東條内閣総辞職の止むなきに至った。後任の内閣総理大臣は、重臣連や陸軍などの意向で、小磯国昭予備役陸軍大将ときまり、七月二十二日、小磯国昭内閣が成立した。

Ⅵ　参謀総長の交替

昭和十九年七月十八日の東條内閣の総辞職は、東條英機内閣総理大臣が、陸軍大臣と、参謀総長と

を兼務していたため、当然、陸軍大臣と参謀総長の人事問題にまで波及することとなった。陸軍大臣は、軍政担当で、内閣の一員として内閣と去就を一にする訳だが、軍令担当の参謀総長については、戦時中とあって暫時も空席とする訳にはいかず、東條参謀総長の辞任と共に、誰かが、すぐさま参謀総長に就任しなければならなかった。その誰かが、関東軍総司令官兼満洲国駐箚特命全権大使、梅津美治郎陸軍大将であった。梅津は、陸士、陸大を通じて、秀才の誉れ高かったが、同時におれがおれがタイプではなく、沈着、寡黙の将軍としても知られていた。

満洲国が興隆期にあった昭和十四年頃、ソ満間で国境紛争が多発していたが、当時の服部卓四郎、辻政信ら関東軍参謀の暴走もあって、同年五月、ハイラル地方、ハルハ河近辺での国境紛争が日ソ間の一大軍事紛争であるノモンハン事件にまで発展した。同年夏に至り、日本側が全般的敗勢のまま、外交的手段により解決せざるを得ないこととなり、九月十四日、日ソ間で「ノモンハン停戦協定」が締結されたのだった。そして、関東軍司令官兼満洲国駐箚特命全権大使植田謙吉陸軍大将が、九月七日、ノモンハン事件の責任をとる形で更迭されて参謀本部付となった。その際、関東軍の粛軍的な期待をも担って関東軍司令官兼満洲国駐箚特命全権大使に着任したのが、北支那方面軍第一軍司令官梅津美治郎陸軍中将であった。

梅津は、昭和十五年八月、大将に進級、また、昭和十七年十月、関東軍の総軍への昇格に伴い、関東軍総司令官となっており、参謀総長転出に至るまで、内外の変転する政治・軍事情勢の最中にあって、実に五年近くに亘って、満洲国の守護神である関東軍を統率する最高司令官の任にあったのだった。

この間、実際、関東軍の統制はよくとれていた。昭和十六年夏の、北進論に対応しての関東軍特種演習、関東防衛軍の新設、更には同年秋以降のソ満国境における「対ソ静謐確保」姿勢の堅持、昭和十七年夏の国軍軍容刷新計画に伴っての第一、第二方面軍の新設、更に、昭和十八年に入ってからの、極秘密裏の関東軍部隊の南方転出などなど、関東軍にとっての重要課題をいわばソツなくこなしてきたのだった。したがって、この参謀総長の交替が、満洲国にとって意味するところは、よしあしは別として、長年に亘る満洲国の政治・軍事情勢の展開を鳥瞰してきた関東軍総司令官を、「満洲の悲劇」が到来する一年前に失うことであった。

なお、同日付で梅津美治郎陸軍大将のあとを襲って関東軍総司令官兼満洲国駐箚特命全権大使に就任したのが、陸軍教育総監兼軍事参議官、山田乙三陸軍大将であった。

第十七章　満鉄調査部事件よ、何処へ行く――満洲国司法機関での法的処理

I　満鉄調査部事件の送致及び起訴にあっての適用法條の問題

満鉄調査部事件の行方をさぐるにあたって、その「罪と罰」を語るに際して極肝要と思われる、関東憲兵隊からの送致および新京高等検察庁からの起訴における適用法條の問題について、この際、改めて考察してみることとしよう。

これまでも随所で述べてきたように、満洲国治安維持法の適用にあたって、同法が公布・施行された昭和十六年十二月二十七日以前の行為――満鉄調査部事件のごとく――については、事後法による処罰不可の観点からして、暫行懲治叛徒法に既に規定が存していた治安維持法第一條第一項および第二項、即ち、満洲国の「國體ヲ變革スルコトヲ目的トスル團體」の「結成罪」やそれへの「參加罪」と、同法第五條第一項の「宣傳罪」のみに限定せざるを得なかったのだった。逆にいえば、治安維持法の根幹・本筋である同法第一條第一項または第二項を適用して処罰するか、それができなかったならば、何が何でも、いわば枝葉で個人犯罪であるにすぎない第五條第一項、しかも、同項に列記され

ている「實行協議罪」、「煽動罪」、「宣傳罪」などのうちの、まさに「宣傳罪」のみを引っぱり出してきて処罰するしか、道は残されていなかったということである。

興農合作社事件の先例に徴すると、昭和十七年九月二十一日の満鉄調査部事件第一次一斉検挙前の同年八月二十八日に、治安維持法第一條第一項團體結成罪該当判決が出て、岩間義人ほか四名が無期徒刑に処されていた。これは、なによりも、秘密結社無名中核體が、満洲国の「國體ヲ變革スルコトヲ目的トスル團體」と認定された結果であった。

また、満鉄調査部事件に関する関東憲兵隊よりの事件送致が開始された昭和十八年五月八日以前の同年四月十五日に、興農合作社事件に関する治安維持法第五條第一項宣傳罪該当判決が出て、佐藤大四郎ほか五名が、十二年から三年の有期徒刑に処されていた。

勿論、事件を追及する側としては、本筋の治安維持法第一條で行きたいのはやまやまではあるが、そこには、名称が秘密結社無名中核體だろうがなんだろうが、あくまで「團體」としての存在証明が必要で、その上での「結成罪」なり「參加罪」であった。他方、興農合作社事件における「宣傳罪」の適用の場合にあっては、検挙者の多くが「前歴もの」の現地活動家であったがために、その経歴からしての「國體變革」の意図は、たとえこれを推認することができたにしても、「宣傳罪」に該当する出版物、書類などの証拠が乏しく、これが、同事件にあっての「宣傳罪」での起訴・判決が、六名に止まった理由でもあった。その際、徒刑三年の野川隆の場合にあっては、彼が満洲で出版した小詩集『七つ星』までもが、「國體ヲ變革スルコトヲ目的トシテ其ノ目的タル事項ヲ宣傳」したとする証拠物件とされていたことは、前述の通りである。

そして、暫行懲治叛徒法の改正法である治安維持法第一條の法目的が、叛徒法の「國憲ヲ紊亂シ國家存立ノ基礎ヲ急殆若ハ衰退セシムル」から、「國體ヲ變革スル」と変わったがために、特に治安維持法第五條第一項「宣傳罪」にあっては、事実上、（満洲国）刑法に定める事後法による処罰禁止を逸脱した法適用がなされる（た）可能性についても、第六章および第十二章において指摘しておいた通りである。

いずれにせよ興農合作社事件という先例の存する満鉄調査部事件に関しては、関東憲兵隊からの事件送致理由にしても、また、新京高等検察庁からの起訴理由にしても、勿論、興農合作社事件におけるこれら二つの判例を、十分吟味、参考としつつの、事件送致理由であり、更に、起訴理由の筈であった。

Ⅱ　満鉄調査部事件をめぐる情勢変化

満洲国の司法警察機関である関東憲兵隊は、その職権において、昭和十七年九月二十一日の満鉄調査部事件第一次検挙二十八名を中心として、その前後にわたって合計四十四名を検挙し、この四十四名中の三十六名を、昭和十八年五月八日から同十二月二十六日の間に、鈴木小兵衛を最後として、新京高等検察庁に事件送致し、同年同月二十七日の枝吉勇を最後として、彼を含む八名を釈放していた。

なお、関東憲兵隊からの三十六名の送致理由は、治安維持法の根幹である第一條関係では、法定刑が「死刑又ハ無期徒刑」の第一項(團體結成罪)は、六名、法定刑が「死刑又ハ無期若ハ十年以上ノ徒刑」の第二項(團體參加罪)は、四名、計十名で、他の二十六名は、法定刑が「死刑又ハ無期若ハ三年以上ノ徒刑」の、単独行為としての同法第五條第一項(宣傳罪)であった。また、上述の團體結成罪と團體參加罪の送致者にあっては、送致理由の罪名が当該罪単独の場合と、当該罪とともに宣傳罪をも併記の場合と、双方のケースがあった。

かくして、関東憲兵隊は、前述のように、「昭和十七年九月二十一日所謂九・二一事件第一次檢擧に着手し、その後中間檢擧、第二次檢擧を實施し、鋭意愼重なる取調をなしたる結果、昭和十八年十二月二十七日を以て憲兵としては未だ嘗て類例を見ざる劃期的思想事件に對する一切の處理を大過なく終了し得たのである」(『関憲報告』600)として胸を張り凱歌をあげたのだった。

この時点において、満鉄調査部事件の法的処理に関しての、満洲国の司法警察機関である関東憲兵隊の役割は、たしかに終了したのだった。そして、これら事件送致者たちは、送致された時点において、それぞれその身柄が、司法警察機関である関東憲兵隊から満洲国の司法当局側に移るため、それまでの関東憲兵隊関係の各所の留置場や新京の関東憲兵隊司令部付属留置場から、満洲国の管轄権下の新京監獄未決監または奉天第二監獄未決監へと移送・収監された。また、関東憲兵隊における尋問・取調べ・手記記述・調書作成は、検挙時以来、関東憲兵隊分隊等の留置施設に分散留置していた検挙者を、二、三ヶ月の間、前記の関東憲兵隊司令部付属留置場に留置して集中的にこれを行い、尋問・取調べ・手記記述・調書作成が終了した段階で、事件送致がなされていったのだった。

勿論、事件送致が完了したからといって、満鉄調査部事件の全体的な法的処理として、司法警察(関東憲兵隊)、検察(新京高等検察庁)、裁判所(新京高等法院)の三段階のうちの第一段階を了しただけのことで、第二、第三の段階を経るのは、まだ先のことではあった。とはいいつつも、満洲国の司法機関としての新京高等検察庁が、これだけ多数の事件送致を正式に受理した以上、事件の大枠が崩れてしまうことはもはや考えられず、その意味からすれば、関東憲兵隊が胸を張り凱歌をあげたのも、無理からぬことではあった。

それから僅か半年。いまや、枢軸国、日、独が、連合国と戦う第二次世界大戦の様相は、一変してしまっていた。そのような状況下で、法的処理以外の、社会問題としての常識的・現実的な実害の有無といった観点からして、例えば、だれそれが、昭和十一、十二年頃に書いたかくかくしかじかの論文の内容が、「窮極ニ於テ」満洲国の「國體ヲ變革スルコトヲ目的トシテ」いるようであるからまことにケシカランといったたぐいの満鉄調査部事件の追及が、誰に対して、どのような意味合いを持っていたであろうか。

満洲国の盟邦大日本帝国にあっては、「絶対防衛圏」は崩壊し去り、サイパン島は陥落。成都から飛来するB29戦略爆撃が開始された。そして、昭和十六年十月十八日の新内閣の成立後、一ヶ月半ほどしての日米開戦時を含む二年九ヶ月に亘って内閣総理大臣をつとめ、陸軍大臣としては、昭和十五年七月以来、激変する内外軍事情勢下、実にまる四年に亘ってその任にあった東條英機陸軍大将が、昭和十九年七月十八日、ついに政権を投げ出して小磯内閣にかわったのだった。

他方、興農合作社事件一斉検挙が行われたのは、東條英機陸軍中将が陸軍大将に昇進して内閣総理大臣に就任したその二週間ほど後のこと。また、第二次近衛内閣にあって当時まだ陸軍中将だった東條英機が陸軍大臣に就任した昭和十五年七月といえば、関東憲兵隊が興農合作社事件に関して内偵を開始した頃のことだった。そしてその東條陸軍中将は、陸軍大臣在任中の昭和十六年七月、興農合作社・満鉄調査部事件を通じてのいわば主《ぬし》ともいえる、東條本人の周囲の三奸の一人として有名な腹心の加藤泊治郎陸軍憲兵少将を、憲兵組織の中枢である憲兵司令部本部長に据えたのだった。その後、加藤少将は、憲兵司令部本部長から関東憲兵隊司令官となって新京に着任し、五ヶ月の間、辣腕をふるって満鉄調査部事件第一次検挙の総指揮をとった。次いで昭和十八年の正月、東京に戻って憲兵司令官に就任したのだったが、ここでもその在任僅か八ヶ月の同年八月末、加藤少将の後任の関東憲兵隊司令官、大野廣一陸軍少将ともども更迭され、満鉄調査部事件をめぐる舞台から消え去っていったのだった。更に、直近のこととしては、昭和十五年八月以来、在新京の関東憲兵隊司令部にあって司法警察関係実務を取り仕切る警務部長の任にあった長友次男陸軍少将が、この三月一日付で三年半ぶりに新京を離れ、陸軍少将としては格下のポストである大阪憲兵隊長に転出していった。

かくして、興農合作社・満鉄調査部事件関係のお偉方たちで残っていたのが、二年前の昭和十七年五月、大村卓一満鉄総裁が、総理大臣兼務陸軍大臣として満鉄や満洲電電を管轄する対満事務局総裁でもあった東條英機首相を表敬訪問した際、大村総裁に対して「今度は満鉄に手を入れますよ」とわざわざ語った、その東條首相ただ一人となっていたのだった。そしてこのたびは東條内閣総辞職によって、その最後の一人まで、満鉄調査部事件をめぐる舞台から立ち去っていった。

だが、興農合作社・満鉄調査部事件をめぐるこうした日本側のお偉方たちが、みな舞台から消え去ってしまったからといっても、当時の満洲国の、盟邦日本と同様の司法制度の枠組みの中にあっては、一旦矢が弦を放たれて、三十六名もの事件送致者の身柄が満洲国検察（新京高等検察庁）に渡ってしまった以上、もはや事件がただごとで済むはずはなかったのは勿論であったが……。

Ⅲ　関東憲兵隊までもが事件への関心を喪失していく

前述のように、僅か半年前の昭和十八年の年末には、胸を張り凱歌をあげていた関東憲兵隊であったが、このような満鉄調査部事件をめぐっての一大状況変化に、関東憲兵隊としても、それなりに対応したのだった。「それなりに対応した」という意味は、関東憲兵隊として、既往には、あたかも満洲の赤化の原因と結果が全て満鉄調査部にあるかの如き前提に立って、その知的総力をあげて書いて書いて書きまくっていた満鉄調査部事件の顚末に関して、昭和十九年夏の時点で、全く興味と関心を失って、この時点以降のことについては、一切記述することすら止めた、ということだった。

即ち、これまで本書でも『関憲報告』としてたびたび引用してきた、八五〇頁にも及ぶ関東憲兵隊による長大な報告書『在満日系共産主義運動』において、満鉄調査部および満鉄調査部事件に関する記述は、昭和十八年の年末までは詳細を極めていたのだが、最終部分の「第二編　事件処理状況」中の「第三章　検察廳に於ける處理狀況」にあっては、わずかに四行の進行形的な解説と、関東憲兵隊があれだけ苦労をした筈の事件送致者に関して、死亡者五名を含む六月末までの二十八名の「處理狀況表」が掲げられているのみで、全くの中途半端のままに終わってしまっていた。このことが意味するところは、関東憲兵隊にとって、満鉄調査部事件は、昭和十九年七月頃からはもはや完全にデッド・イッシュー（dead issue）と化していったということであろう。関東憲兵隊の忖度・御都合主義もここに極まれり、といったところか。

Ⅳ　事件送致者三十六名中、二十名が個人犯罪としての刑事事件の被告となった

そこで、ここでは、関東憲兵隊に成り代わって、前述の「処理状況表」をも参考としつつ、関東憲兵隊（司法警察機関）、新京高等検察庁、新京高等法院の三者にあっての、昭和十九年初夏（六月末現在）の段階での、満鉄調査部事件の法的処理の現況を整理しつつ、それ以降の動きについても敷衍的類推を行うことによって、昭和十九年夏頃における満鉄調査部事件の全体像の再浮上を試みることとしたい。

昭和十八年十二月二十六日、鈴木小兵衛を最終の事件送致者として、三十六名の事件送致者の接受を了した新京高等検察庁は、早速に行動を開始し、早くも同年同月三十日、鈴木小兵衛ほか四名を、新京高等法院へ、治安維持法第五條第一項宣傳罪としての公訴提起（起訴）を行なった。通常、新京高等検察庁における取調べ・起訴状作成には、少なくとも二ヶ月は要したであろうから、数ヶ月以前に送致されていた他の四名はまだしも、鈴木小兵衛にあって、送致から数日を経ての起訴は、この段

階にあっての関東憲兵隊と新京高等検察庁の連係プレー（公的な事件送致以前に検察官による取調べが行われていた）の存在と、鈴木小兵衛を、最初に公判廷に臨ませることによる審判官（裁判官）の当該事件に関する心証形成の有利化を図らんとする新京高等検察庁の高等作戦がうかがえる。更にまた、鈴木小兵衛以外の三十五名にあっては、昭和十八年五月八日から同十月三十日まで、いわば連続的に送致が行われていたのにも拘わらず、それ以降二ヶ月近くの空白期間を経過して、鈴木小兵衛のみの送致が行われ、彼の送致をもって全体の送致の打ち止めとしたことからしても、満鉄調査部事件における鈴木小兵衛の特異な立場を、あらためてあわせうかがうことができよう。

以後、昭和十九年に入って、早春に、送致者五名が死亡したが、六月末までに、十八名に付き、起訴九名、起訴猶予九名の処分決定が行われた。この結果、同六月末現在、送致者、三十六名中、起訴者、十四名、起訴猶予者、九名、死亡者、五名、処分未決定者、八名の内訳となった。なお、起訴者十四名にあって、送致理由がもともと「宣傳罪」であった九名は勿論として、「參加罪」の四名も、起訴理由は「宣傳罪」とされた。更に注目すべきは、重大犯罪である「結成罪」で送致されていた石田七郎が、六月二十九日に「宣傳罪」で起訴されて、これが、関東憲兵隊による処理状況記録の最後となったことである（あるいはこのことが、関東憲兵隊をして、『関憲報告』における処理状況記録を中止させる引き金となったとも、十分考えられる）。

この時点以降の新京高等検察庁の処分については、前述の通り『関憲報告』に何の記載もされていないので、他の資料を参考に類推するほかないのだが、八月の終わり頃には、起訴、起訴猶予の振り分けが完了し、「結成罪」で送致されていた三輪武、渡辺雄二、吉植悟、野間清、松岡瑞雄の五名と、「宣傳罪」送致の和田耕作が、「宣傳罪」で起訴され、「宣傳罪」送致の小泉吉雄、石井俊之の二名が起訴猶予となった。

この結果、結論的には、新京高等検察庁は、昭和十八年十二月二十六日以降、昭和十九年八月の終わり頃までに、関東憲兵隊からの事件送致者三十六名に付き、「宣傳罪」による起訴者二十名、起訴猶予者十一名の処分決定を行い、この間、死亡者は、五名を算していたのだった。

新京高等検察庁の新京高等法院への起訴によって満鉄調査部事件裁判の被告となった二十名についての起訴理由が、全員、治安維持法第五條第一項「宣傳罪」であったこと、逆にいえば、関東憲兵隊からの事件送致にあっての治安維持法第一條第一項「團體結成罪」の六名と同法第一條第二項「團體參加罪」の四名の起訴理由が、全て、同法第五條第一項「宣傳罪」となされたこと、の意味合いは、まことに大なるものがあった。なぜなら、このことによって、満鉄調査部事件は、組織が絡んでの重大犯罪から、単なる満鉄調査部所属の人たちの個人犯罪の寄せ集めへと転化したのであり、関東憲兵隊が組織をあげて二年もかけて取り組むべき種類のものだったかどうかに、深刻な疑問を呈することになったからである。世上、関東憲兵隊と聞くと「泣く子も黙る」といわれ、「満洲国の治安維持の根幹は我にあり」とばかりに誇り高かった関東憲兵隊が、その筆を折らなければならなかったのは、蓋し当然であり、あえていえば、「大山鳴動して……」という、古代ローマのことわざを想起させるごとき状況となったのであった。

いずれにしても、大事件か小事件かは別として、いまや個人犯罪としての刑事事件の被告となった満鉄調査部関係者二十名は、満洲国の崩壊へと至る最後の一年を、順を追って新京高等法院の公判廷で過ごすこととなった。そして、この刑事事件の判決後も、ソ連軍満洲一斉侵攻による満洲国の崩壊後の、嵐の中での生活を送らねばならなかった。

第十八章　昭和十九年の後半期――急坂を転げ落ちて行くが如くに

Ⅰ　昭和十九年夏、戦火はついに満洲国へも及んできた

満鉄調査部事件の検挙者四十四名中の起訴者二十名全員が、結局のところ、満洲国治安維持法第五条第一項「宣傳罪」事案の被告として、新京高等法院治安庭での公判に臨むこととなった昭和十九年夏。当時満洲国在住の日本人の誰しもが全く思い至るところでなかった、その完全崩壊まであと一年となった満洲国にも、これまた誰しもが全く思い至るところでなかった、アメリカの新型爆撃機Ｂ29による戦略爆撃という形で、第二次世界大戦の戦火が直接及んできたのだった。

昭和十九年七月二十九日土曜日。その日は、新京の関東軍総司令部で、関東軍主要関係者の列席のもとに、去る七月十八日、五年に亘ってその任にあったのちに参謀総長に転出した前関東軍総司令官梅津美治郎陸軍大将の後任として着任した山田乙三陸軍大将の、関東軍総司令官就任式が執り行われていた。丁度その日の正午過ぎのこと、はるか中国の南の奥地の成都近郊の発着基地を発進したＢ29

百機編隊が、突如、鞍山に飛来したのだった。

鞍山は、満洲国の東海道線ともいうべき南満洲鉄道の大連・新京間七百キロを結ぶ連京線（現連長線）で、奉天（瀋陽）を南下すること七、八十キロに所在する鉄鉱石の一大産地だった。近辺の本渓湖とともに鉄鋼のまちとして知られたところで、北方百キロほどに位置する露天掘りで有名な巨大炭鉱撫順と、鉄鋼生産三角地帯を形成し、大連港までは三百キロ弱、渤海湾にのぞむ営口港までは七、八十キロと、理想的な鉄鋼産業立地に恵まれていた。当時、そこには、九州の八幡製鉄所に次ぐ鉄鋼生産量をほこる昭和製鋼所があった。B29百機編隊の飛来は、主としてこの昭和製鋼所を狙いとするものだった。南満洲工業地帯は、距離的に、北九州に比してより成都に近く、それだけB29の限界飛行時間に余裕があり、またあまりの突然事で防空体制が間に合わなかったこともあって、三十分以上の間に亘って鞍山上空に止まり、十回ほどの反覆飛来を繰り返しては爆弾を投下していったのだった。かくして満洲国も、ここに初めて、第二次世界大戦の直接的な戦火にさらされ、山田乙三新関東軍総司令官にとっても、何とも強烈な司令官就任記念祝賀パンチとなったのだった。

翌八月の月間の成都発着B29戦略爆撃団の爆撃目標は北九州で、八幡製鉄所、大村海軍工廠、佐世保軍港などを目標に、数次に亘る出撃が行われた。

満洲国にあっては、昭和十九年七月二十九日の最初の戦略爆撃から一月余おいた九月に入って、四日、九日、二十六日の三回、鞍山や本渓湖の鉄鋼生産施設を中心としたB29戦略爆撃があり、昭和製鋼所を始めとする満洲国の鉄鋼生産施設は、重篤な被害をこうむったのだった。プロイセン宰相ビスマルクの、「鉄は国家なり」との言が正しいものとすれば、この時点にあって満洲国は、すでに半分崩壊したようなものだった。

それからしばらくの十、十一月の間、Ｂ29による満洲爆撃は行われなかった。成都発着の米空軍Ｂ29戦略爆撃部隊としては、鞍山や本渓湖の鉄鋼生産を十分に叩き、あとは大連や営口からの日本への海上貨物輸送路を潜水艦で締め上げてしまいさえすれば、それでよかった。

ようやく十二月に入って、成都Ｂ29戦略爆撃部隊の空爆の標的は、再び満洲へと向かい、七日と二十一日に奉天（瀋陽）が爆撃された。奉天の鉄西地区にある満洲飛行機製造株式会社の工場や、飛行場などが主目標だった。

なお、興農合作社・満鉄調査部事件との関連で付言すると、主として日系・鮮系を収監するための奉天第二監獄は、奉天駅近くの鉄西地区に建てられていた。そこには、興農合作社事件にあって團體結成罪で無期徒刑判決を受けた秘密中核体、情野義秀、岩間義人、井上林、進藤甚四郎、田中治の五名と、宣傳罪で有期徒刑判決を受け、収監後に死亡した佐藤大四郎、野川隆、田中武男の三名を除く、小松七郎、塙正、岩船省三の三名が、既決囚として、在監中であった。また、満鉄調査部事件にあっては、起訴された相当数の被告が、未決囚として、新京高等法院治安庭での公判への順番待ちで、奉天第二監獄に収監中であった。新京での各被告の公判は、一、二ヶ月ほどで、その間は、奉天第二監獄在監者も新京監獄に移送収監されて新京高等法院通いとなり、当該被告の公判後、最終公判での被告全員への判決言い渡しまで、保釈となるのが通例だった。

既決、未決を問わず、これらの奉天第二監獄収監者たちにとっては、たまたま同監獄が同じ鉄西地区の爆撃目標至近距離にあったため、B29奉天爆撃の間中、投下爆弾炸裂音を間近に聞きつつ、囚房が施錠されていて逃げるに逃げられず、恐怖の時間帯を過ごすこととなったのだった。

マリアナ諸島における本格的B29発着基地の整備に伴い、昭和十九年の年末から同二十年の年始にかけて、成都発着B29爆撃団もマリアナ諸島に移動し、諸般の困難事が付きまとっていた成都発着基地は閉鎖された。他方、満洲は、マリアナ諸島B29発着基地からは、完全にB29の空爆距離限界外であったため、以後、昭和二十年八月九日のソ連軍満洲一斉侵攻開始まで、満洲が第二次世界大戦の直接の戦火にさらされることはなかった。

Ⅱ　梅津参謀総長、「帝国陸軍対ソ作戦計画要領」を下達

関東軍の基本的使命は、シベリアの有力なソ連軍と相対峙して、日本の生命線、満洲を護ることにあった。このことは、昭和七年九月十五日、日・満間で締結された日満議定書にその旨規定されていて、歴代の関東軍総司令官が、そのまま満洲国駐剳特命全権大使を兼ねていたことからも明らかであった。満洲国と大日本帝国をつなぐものは関東軍であり、満洲国の国家としての存立・安寧は、関東軍あってのことだった。

昭和十四年九月、第二次世界大戦が開始され、また、日・ソ間で、ノモンハン停戦協定が締結されたのだったが、その際、ノモンハン事件の責任をとる形で参謀本部付に更迭された植田謙吉陸軍大将

に替わって関東軍司令官に就任したのが、梅津美治郎陸軍中将（当時）であり、関東軍は、梅津司令官のもと、その後二年ほどは相対的安定期にあったのだった。

だが、昭和十六年六月二十二日、ヨーロッパで独ソ戦が開始されると、関東軍をめぐっての軍事情勢は一変した。

即ち、独ソ戦開戦後十日ほどした七月二日の御前会議において審議決定された「情勢ノ推移ニ伴フ帝國々策要綱」にあっては、「自存自衛ノ基礎ヲ確立スル爲南方進出ノ歩ヲ進メ又情勢ニ對シ北方問題ヲ解決ス」とされ、このための具体的な「要領」としては、「獨「ソ」戰ニ對シテハ…………密カニ對「ソ」武力的準備ヲ整ヘ自主的ニ對處ス…………獨「ソ」戰爭ノ推移帝國ノ爲有利ニ進展セハ武力ヲ行使シテ北方問題ヲ解決シ北邊ノ安定ヲ確保ス」とされていたのであった。

かくして関東軍にあっては、昭和十六年の七、八月にかけて、急遽、この「帝國々策要綱」の趣旨に添うべく、「関東軍特種演習（関特演）」とよばれる大動員を密かに実施することとなり、従前に倍する在満兵力七十万余の規模までの大増強がなされ、九月の初旬までには、質量ともに充実して面目を一新したのであった。

しかし、ドイツ軍の対ソ開戦初期の快進撃がその後長く続かず、彼此の軍事力バランスからして「獨「ソ」戰爭ノ推移帝國ノ爲有利ニ進展セハ」という条件が充足される見通しは当面たたず、他方、南方方面の国際的緊張が高まるにつれて、関東軍による北進論の実施、「年内対北武力行使」は、現実問題としてはいつしか消え去り、関東軍々歌で歌われた「栄光に満つ　関東軍」のとるべき道は、ひたすら、ソ満国境における対ソ静謐確保につとめることとなってしまった。昭和十六年十一月四日の興農合作社事件容疑者一斉検挙は、丁度その時期にあたっていた。

それから大東亜戦争の開戦を経ての十ヶ月後、丁度満鉄調査部事件第一次検挙のあった昭和十七年秋には、「国軍軍容刷新要綱」に基づく関東軍戦力の更なる充実が図られ、また、関東軍の「総軍化」が行われるなど、名実ともの「栄光に満つ 関東軍」となったごとくであった。だが、その栄光も、前にも触れた、昭和十八年夏頃から本格的となっていった、関東軍精鋭部隊の南方方面戦線への極秘裏の抽出転用によって、一年とは保てなかった。そして、昭和十八年の終わりから十九年にかけて、戦局は南東太平洋方面から中部太平洋方面へと急速な悪化を続け、このような情勢に対応して、大本営としても、もはや対ソ静謐確保にあたるに過ぎなかった関東軍の満洲防衛のための根幹兵力をも、太平洋の最前線に抽出転用せざるをえないことになった。昭和十九年の夏に至って、さしもの「皇軍の華」関東軍も、あちこち隙間だらけ、綻びだらけの実状となり、これから先に、更なる悪化も予測されるに至っていたのであった。

昭和十四年初秋以来、関東軍総司令官として、まる五年に亘って、このような関東軍の盛衰を、自ら、目前にし、認可し、推進してきて、誰よりも熟知しつつ、去る七月十八日、参謀総長に転任した梅津美治郎陸軍大将。その梅津新参謀総長は、その転任の丁度二ヶ月後、そして満洲事変十三周年記念日でもある昭和十九年九月十八日、関東軍に対して、以後の関東軍のあり方を根本的に変えてしまうこととなる「帝国陸軍対ソ作戦計画要領」を下達した。この「作戦要領」は、勿論、超極秘裏のもので、満洲国の存立そのものに関わってくるにも拘わらず、盟邦満洲国の誰一人として、それを全く知るところではなかった。

この「作戦要領」の基本的思想は、五年間に亘って関東軍総司令官を務めた梅津参謀総長の現実主義に立脚していて、往時と異なりいまやすっかり痩せ衰えてしまった関東軍の戦力規模の現状を前提に、これまでの「攻勢的」ではなくもっぱら「守勢的」立場に立って、昭和二十一年四月の日ソ中立條約の期限切れなどによって、ソ連が満洲に進攻してきた際、いかにして長期戦的・持久戦的な戦闘を遂行していくか、というものであった。

以後、関東軍参謀本部は、梅津参謀総長下達の「対ソ作戦計画要領」の具体化作業に移り、翌二十年一月、「新作戦計画大綱」の策定に至ったのだった。この「計画大綱」の結論としては、地勢的には満洲国の四分の三以上を放棄し、鮮満国境に横たわる峨々たる長白山脈のふもと、通化省通化市を最後の中核拠点として、南北では新京・図們間五百キロの京図線（現 長図線）以南、東西では新京・大連間七百キロの連京線（現 連長線）以東の区域を複郭陣地としつつ、長期持久戦を展開するという基本戦略構想であった。そして、このような動きは、「関東軍根幹兵力の抽出・転用」の場合と同様に、関東軍首脳部以外には全く知らされることなく、進められていったのだった。

昭和十九年の秋深く、新作戦計画大綱を立案中の関東軍中枢にとって、満洲国の建国理念も、その存立も、その四千万国民の安寧も、百数十万日本人居留民の去就も、ましていわんや満洲国治安維持法第一條に「變革」すべからざるものとして規定するその「國體」も、何もかにもが、もはや完全に念頭外に置かれてしまっていたのだった。

Ⅲ　昭和十九年秋の新京

例年の如く、天高く馬肥ゆる秋が訪れた新京。

九月には、前述のように、南満洲の鞍山、本渓湖などの鉄鋼生産地帯へのB29戦略爆撃編隊による重爆撃が行われ、また、満洲国の国防方針を根幹的に変える「帝国陸軍対ソ作戦計画要領」が下達されていた。かくして、第二次世界大戦の日めくり暦の残枚数も、その終末へ向けてとっくに三六五枚をきってしまって、日々残り少なくなりつつあったのだが、知らぬが仏、そこでの市民生活は、年々戦時色が強まり紙などの日用品不足が生じていたとはいえ、際だった変わりがある筈もなかった。

第一、満洲国の首都であるとはいっても、ここ新京で得られる世の中の動きに関する情報は、新聞といえば「満洲日日新聞」と「満洲新聞」とが合併した、日によって二頁または四頁だての「満洲日報」の一紙のみ、また、ラジオといえば、大同広場（現　人民広場）の満洲電信電話内の新京中央放送局のニュース番組のみであった。変転する最新の軍事情勢の推移ともなれば、戦後でこそ悪評高き大本営発表によるほかなく、それ以外は、みな、流言飛語とされた。そして、新聞記事、ラジオ報道は、このような大本営発表を、更に一層の美辞麗句で飾り立てたものに過ぎなかった。

昭和十九年の六、七、八月にかけては、このような大本営発表にあってすら、サイパン、テニアン、グアムなど、マリアナ諸島での玉砕の悲劇を相次いで報じざるを得なかった。更に七月の後半には、これまで戦局の推移に強気で自信満々だった東條英機首相が、内閣総辞職を行い、小磯国昭新内閣が誕生したのだった。このような戦局・政局の推移に、盟邦日本の内地の人々同様、満洲国在住の全ての日本人が、沈鬱な気持ちに包まれていたのは当然だった。九月の、B29による南満洲戦略爆撃は、これに追い打ちをかけるような種類のものだった。

Ⅳ　デジャブとしての台湾沖航空戦

このような全体的状況下、月が改まった十月の十二日に至って、大本営は、敵有力機動部隊の台湾接近を発表したのだった。それ以来、わが台湾航空基地部隊の活躍は、まことに目覚ましいものがあり、大本営は、十三、十四、十五、十七日と、ほぼ連日の如く、台湾沖航空戦についての戦果発表を、更に、十月十九日に至って、台湾沖航空戦総合戦果発表を行った。これらの大本営発表によれば、敵有力機動部隊の中心である航空母艦の損害は、轟撃沈が十一隻、撃破が八隻、計十九隻にも及び、敵有力機動部隊は、ほとんど潰え去ってしまったのだった。日本内地といわず、満洲国といわず、日本人たるもの、この全く久し振りの大勝利の報に、喜びに沸き返ったのは当然だった。

大元帥陛下は、十月二十一日、この赫々たる大戦果を嘉《よみ》して、南方方面陸軍最高指揮官寺内壽一元帥、聯合艦隊司令長官豊田副武海軍大将、台湾軍司令官安藤利吉陸軍大将に対し、勅語を賜わった。

だが、この台湾沖航空戦による実際の戦果はといえば、アメリカ機動部隊として、空母二隻を含む艦船若干隻が損傷を受けただけで、逆にこの航空戦で、わが台湾航空基地部隊はもはや実戦対応不可能なほどに壊滅してしまっていたのであった。

このような台湾沖航空戦についての大本営による戦果の過大（誇大）と損害の過小（誇小）の発表は、大元帥陛下の勅語まで含めて、一年近く前の昭和十八年十一月初旬から中旬にかけて、はるか東南太平洋上で戦われたブーゲンビル島沖航空戦の、文字通りのデジャブであった。

だが、台湾沖航空戦にあっての更なる不幸は、単なるデジャブに止まらず、これに引き続く、史上最大の海戦となったレイテ沖海戦と、そしてレイテ島攻防戦にあって、それぞれの作戦遂行上、決定的な誤情報を提供してしまったことだった。

V　レイテ沖海戦と神風特別攻撃隊の悲劇、そしてレイテ島攻防戦

大元帥陛下から、寺内元帥、豊田海軍大将、安藤陸軍大将の三名への勅語が渙発された十月二十一日の前日の二十日、アメリカ軍は、フィリピンのレイテ島への上陸を開始した。そして、同二十四日から二十六日にかけて、史上空前の規模の、わが聯合艦隊にとっての最後の大決戦となったレイテ沖海戦が戦われた。

大本営は、二十七日、この三日間にわたるレイテ沖海戦の戦果を発表した。この発表によれば、わが方の損害は、戦艦一隻、航空母艦一隻の沈没、敵方に与えた損害は、航空母艦だけでも、撃沈が八隻、撃破が七隻という、相変わらずの赫々たる戦果であった。だが、実際は、この海戦において、わ

が聯合艦隊は、航空母艦四隻、「武蔵」を含む戦艦三隻、重巡、軽巡、駆逐艦など二十一隻が撃沈され、戦艦、重巡、軽巡等に大破、中破が相次ぐという壊滅的な損害を被った。この海戦以後、わが帝国海軍は、艦隊としての組織的交戦が、不可能となってしまった。

このレイテ沖海戦最中の十月二十五日、関行男海軍大尉以下六名の神風特別攻撃隊敷島隊が、敵艦隊に体当たり攻撃を敢行した。以後、特別攻撃隊による「一機よく一艦を屠る」との建前の特攻攻撃が、大本営発表によるわが軍戦果の中心となるという、不幸かつ悲劇的な事態が、終戦時まで続いたのであった。

十月二十日にアメリカ軍の上陸が開始されたフィリピンのレイテ島。その翌日の二十一日、大元帥陛下から台湾沖航空戦に関して勅語を賜ったばかりの南方軍総司令官寺内壽一元帥は、九月二十六日に満洲在の第一方面軍司令官からフィリピン防衛に当たる第十四方面軍司令官に着任した山下奉文大将に対して、従来からのルソン決戦方針を、山下の反対を押し切って急遽変更して、「第十四方面軍は海空軍と協力し、なるべく多くの兵力を以てレイテ島に来攻する敵を撃滅せよ」と下命した。このようにして以後二ヶ月に亘って続く、実際には制空権、制海権ともに完全になくなってしまっていたレイテ島攻防戦にあって、八万を超す日本軍投入兵力の殆どが戦（餓）死するという、まことに惨憺たる悲劇的敗北を招いてしまったのだった。

昭和十九年十一月七日、ソ連の革命記念日に、国際諜報団リヒャルト・ゾルゲ、尾崎秀實の両名の相次いでの死刑が執行された。昭和十七年、十八年とあれだけ世間の注目を浴びた両名だったが、戦局悪化重大ニュースが飛び交う中、もはや両名の悲劇を顧みる人とてなかった。

同年同月二十二日、前内閣総理大臣東條英機陸軍大将の最側近、憲兵司令部本部長兼東京憲兵隊長四方諒二陸軍大佐が、上海憲兵隊長に任じられて東京を去り、ここに東條憲兵政治は、その終焉をみた。

Ⅵ　マリアナ諸島から日本本土へのＢ29戦略爆撃の開始

マリアナ諸島を発着基地とするＢ29戦略爆撃隊八十機が、北九州を除いて初めてとなる日本本土爆撃を行ったのは、昭和十九年十一月二十四日のことであった。このマリアナ諸島Ｂ29第一波の爆撃目標は、当時日本最大の飛行機製造工場であった東京都武蔵野の中島飛行機武蔵野工場。以後、武蔵野工場は、終戦時まで、十数回に及ぶＢ29爆撃を受け、航空機生産能力は完全に瓦解した。

この初空襲以後、Ｂ29戦略爆撃隊は、ほぼ三日おきくらいに関東地方を襲ったが、関東地方に次いで、三菱重工名古屋発動機製作所を目標として名古屋周辺を執拗に爆撃するようになったのが、十二月十三日以降のことであった。

このようにして、十一月二十四日を境として、日本本土の心臓部、関東・東海にも、第二次世界大戦の戦火が、直接、及んできたのだった。

他方、日本陸軍は、太平洋上の日米決戦にあって、フィリピン攻防戦に最後の望みを託していた。その攻防戦の初戦、レイテ島攻防戦にあっては、アメリカ軍は、十月二十日の上陸開始以来、二ヶ月かかって同島の全面制圧に成功した。次いで十二月中旬、レイテ島に次いで、ルソン島直南のミンドロ島も攻略し終え、年明けには、いよいよフィリピンの本拠地、勇将をもってなる山下奉文司令官隷下、第十四方面軍二十五万の守備するルソン島攻略を目指すばかりとなっていた。

大晦日深夜から元旦早朝にかけてのB29東京大空襲の下で、昭和十九年は暮れた。

第十九章　知らずして破局へと至る道を歩みつつ

Ⅰ　昭和二十年新春の新京

満洲国の首都新京は、その来たるべき夏に、満洲国の崩壊という一大破局が待ち受けていた昭和二十年の正月を迎えた。大日本帝国の帝都東京と満洲国の首都新京とに、異なる点があったとすれば、それは、その前者にあっては、前年の十一月末から、マリアナ諸島基地から発進するB29戦略爆撃の対象範囲となって、第二次世界大戦の直接の戦火にさらされることとなった結果、昭和二十年の正月が、同十九年の正月とは全く非連続的なものになってしまったことだった。

新京の正月は、その点からだけは、東京よりも平穏だった。それでも思えば、二年前の昭和十八年の正月は、その前の年、昭和十七年の九月が満洲国の（そして関東軍の）最盛期で、はれがましい満洲国建国十周年記念式典などがあったすぐあとのことだった。そして、一年前の昭和十九年の正月は、連日のごとき大本営発表による、太平洋上はるか彼方、銀翼連ねたわが海鷲たち、海軍航空隊の赫々たる戦果に、心が躍るところがあったすぐあとのことだった。だが、昭和二十年の正月は、十八年、十九年のそれとは、「何か」が決定的に違ってしまっていた。なにしろ、この正月にあっては、前年夏にマリアナ諸島がすでに敵アメリカの手におち、秋口からは、フィリピンのレイテ島決戦が叫ばれ、しかも十月の末には、神風特別攻撃隊による敵艦への体当たり攻撃が登場するなど、戦局の前途には急速に暗雲がたちこめてきていたからであった。それは満洲にいたからといっても、否定しようもない現実であった。

だが、人間社会の常としてそれだからこそ尚更に、ここ満洲にあっても、これまでの「王道楽土」や「民族協和」などにかわって、日本的な言霊《ことだま》である「聖戦完遂」、「必勝の信念」、「戦意の昂揚」、「神州不滅」などの言い回しが、人々の口に一層声高に叫ばれ、まなじりを決した「決戦」という単語が、あらゆる機会に免罪符的接頭語として用いられ、決戦○○大会とか決戦舞踊鑑賞とか、あげくの果てに新聞の家庭欄の見出しにまで「決戦生活」、「決戦台所」などという表現が躍る始末だった。

それといま一つ、満洲には、満洲特有ともいうべき、「北辺の護り精強関東軍幻想」があった。それは、満洲に住んでいれば普段よく聴く機会のあった、その一番から五番までの終節で、それぞれ「栄光に満つ」、「前衛に立つ」、「風雲に侍す」、「東亜の護り」、「皇軍の華」とあって、更に、「わが精鋭が その威武に 盟邦の民 いま安し」とまでうたっていた、昭和十一年に作詩作曲された「関東軍軍歌」によるところも大きかった。勿論、昭和十八年から極秘裏に開始され陸続として止むところのなかった関東軍精鋭部隊の南方転用については、在満洲の日本人の殆ど誰しもが、全く知るところではなかった結果でもあったが……。

II　満鉄調査部事件被告二十名たちと首都新京

満洲国の首都新京と満鉄調査部事件の被告二十名との関連は、結構、深いものがあった。それは何も、この二十名の半数近くの元所属が、満鉄新京支社調査局や企画室だったからだけではなかった。因みにいえば、同じく被告の半数近くが満鉄の大連関係、残る二、三名が満鉄の北支や上海関係者だった。

昭和十七年九月二十一日の一斉検挙後、彼等は先ず新京、奉天やその近辺に所在する憲兵分隊の留置施設に分散留置された。その後、順に、二、三ヶ月に亘って、新京の中心部、大同大街（現　人民大街）を隔てて関東軍総司令部の東側に位置する、関東憲兵隊司令部留置場に留置され、関東憲兵隊取調べ担当憲兵（主に曹長クラス）の峻烈な取調べを受けた後、新京高等検察庁に送致された。そして、送致後にあっては、満洲国の管轄である新京監獄または奉天第二監獄に収監され、順次、これまたそれぞれ二ヶ月ほどに亘っての新京高等検察庁での満洲国検察官の取調べに対応することとなったのだった。

新京高等検察庁は、新京の新市街地の南方、南湖の北端付近の安民広場（現　新民広場）の東南に位置して建つ、一風変わった外観の総合法衙内だった。このため、被告たちは、検察官取調べにあたっては、新京駅東方二キロほどの、新京の旧市街地にある皇帝溥儀の宮廷府の間近の新京監獄から、毎朝、車の荷台に乗せられて大同大街にでて、その大同大街を一直線に南下通勤するのを常とした。

奉天第二監獄在監者にあっては、新京高等検察庁での取調べ期間中は、新京監獄送りとなり、起訴決定となって、再度奉天第二監獄に戻された。そして、新京高等検察庁と同じ総合法衙内にある新京高等法院での個別公判に際しては、再び新京監獄に戻されて、そこから新京高等法院に通ったのだった。

なお、満鉄調査部事件裁判の審判官（裁判官）は、田中耕太郎の弟の飯守重任がその任に当たっていた。被告たちは、新京高等法院でのそれぞれの数度の個別公判が終了すると、その段階において新京で保釈となり、二年余ぶりで娑婆に戻って、最終公判での判決言い渡しを待つのが通例だった。

Ⅲ　戦局の悪化が進む昭和二十年の正月

新京高等法院において、満鉄調査部事件の被告たちの個別公判が逐次進められていた昭和二十年一月にあっても、戦局の悪化は、止まるところを知らなかった。

即ち、はやくも昭和二十年一月九日、ダグラス・マッカーサー大将指揮下、アメリカ軍を基幹とするその数十七万五千の連合国軍が、マニラから北北西約二百キロのリンガエン湾に上陸を開始した。これを迎え撃つ日本軍は、山下奉文陸軍大将指揮下の第十四方面軍、総計二十五万であったが、第十四方面軍は、ルソン島に既配備の兵員・武器弾薬を、レイテ島決戦へむけ急拠大規模抽出移送していたため、その守備戦力はすでに大幅に低下してしまっていたし、そもそも制空・制海権をともに失い、兵員・武器弾薬はおろか、食糧の補給も全くない日本軍にとって、ルソン島日米決戦の帰趨は、始めから明らかであった。

終戦後に敗残の第十四方面軍の全軍が降伏して、ルソン島各地で辛うじて生き残った三万名弱が収容されるまで半年を要したが、この日米決戦は、ルソン島在の第十四方面軍二十五万名中、実に二十二万名が、戦、病（餓）死するという惨劇に終わったのだった。

ルソン島日米攻防戦が始まって暫くした昭和二十年一月中旬のこと、その二ヶ月後の二十年三月以降、日本本土の焦土化をもたらしたカーチス・ルメイ空軍少将が、マリアナ諸島在第二十一爆撃団司令官に任命されて、グアム島に飛来、着任した。彼は、着任早々に、これまでのB29による対日本本土戦略爆撃について抜本的見直しを行い、従来の「編隊飛行による高々度からの特定の軍事目標に向けての精密爆弾投下法」を根本から替える画期的な対日新爆撃戦法を案出した。

即ち、この対日新爆撃戦法は、もっぱら可燃家屋密集型日本都市を対象としての、極限搭載重量まで対日専用焼夷弾を積載し、夜間、燃料節約のため低空から侵入する、無編隊飛行での、無差別反覆焼夷弾絨毯爆撃であった。特注の焼夷弾がマリアナに到着し、新戦術による対日戦略爆撃の準備が整ったのは、三月初旬のことであった。

従来とは全く異なる新爆撃戦法による対日戦略爆撃の第一波は、三月九日深夜から同十日未明にかけて、マリアナ諸島からのB29三百機によって、帝都東京の下町に対して行われ、その成果はルメイ司令官の予期以上のものだった。この結果、ルメイは、同戦法による出撃機数三百機規模に編成した第二十一爆撃団による焼夷弾爆撃を、名古屋市街地、大阪市街地、神戸市街地と、ほぼ一日おきに連続実施し、十八日深夜・十九日未明に再び名古屋市街地焼夷弾爆撃を行ったところで、備蓄した焼夷弾を使い果たしてしまった。それは十日間に亘る、まさに徹底的な、対日焼夷弾猛爆撃だった。

Ⅳ　昭和二十年二月――ヤルタ対日秘密協定の締結と硫黄島攻略戦の開始

連合国の対日戦略は、軍事面だけに止まらなかった。

即ち、昭和二十年二月初旬、クリミア半島の保養地ヤルタで、第二次世界大戦の戦後処理をめぐって、米英ソ三国首脳、ルーズベルト、チャーチル、スターリンによるヤルタ会談が行われた。この会談にあって、ポーランド問題、ドイツ問題などのほか、極東問題も話し合われ、その結果、ヤルタ協定とよばれる対日秘密協定が締結されたのだった。そして、この対日秘密協定が、この時から半年後に、もはや日本本土とほぼ完全に断絶状態となってしまっていた広大な満洲に在住する、軍、官、民、合わせて二百数十万人の日本人に対して、最大の悲劇をもたらす結果となったのだった。

ソ連は、五月八日のドイツの無條件降伏から丁度三ヶ月後、即ち、広島への原爆投下の二日後で日本のポツダム宣言受諾による終戦（敗戦）の六日前の八月八日、この対日秘密協定を援用し、日ソ中立條約を一方的に破棄して、対日宣戦布告を行った。そして、八月九日午前零時を期して、満洲の西、北、東の三方面よりソ満国境を突破して、戦車軍団を含む百七十万の大兵団で、怒濤の如き満洲一斉侵攻を開始したのだった。

硫黄島は、日本本土と、そこから二千数百キロはなれたマリアナ諸島との、丁度中間点に存する平坦な火山島であるが、アメリカ軍統合参謀本部にとって、マリアナ諸島からのB29による大規模な対日戦略爆撃の継続実施のためには、硫黄島の攻略こそが、対日軍事作戦にあっての最大の急務となっていた。それは、日本本土へ向かうB29戦略爆撃編隊が、丁度硫黄島上空付近を通過するため、硫黄島が、日本本土でのB29迎撃のための早期警報の発信中心基地の役割を持っていたことと、そして同島が、マリアナ諸島在の飛行場に駐機するB29への決死的攻撃を仕掛ける日本軍航空機の中継基地となっていたからであった。また、硫黄島を奪取することにより、同島飛行場を、航続距離の短いB29爆撃団随伴援護戦闘機の基地や、故障・損傷B29の緊急着陸・整備基地として使用することができた。

二月の中旬、ルソン島日米攻防戦にあって、マニラ市街を含むルソン島南部諸地域や、バギオなどの北部山地で激戦が続いていた頃、硫黄島近海には、五百隻近いアメリカ軍の艦船が蝟集していた。二月十六日よりの三日間の、艦砲射撃、艦載機による射爆撃、B29による爆撃などの後に、アメリカ海兵隊師団の硫黄島上陸作戦が敢行されたのは、二月十九日のことであった。

アメリカ側の上陸兵力は、ハリー・シュミット海兵隊少将指揮下の海兵隊三個師団、六万一千名、対する日本側の守備兵力は、栗林忠道陸軍中将指揮下の小笠原兵団、二万一千名であった。

硫黄島日米攻防戦は、太平洋戦争中の最激戦といわれているが、日本軍にとっては、この戦闘は、孤立無援の状態で、帰するところ、一日でも長く戦い、一人でも多くの敵を倒すという、最初から絶望的な玉砕戦であった。戦闘は、一ヶ月近くに及んだが、硫黄島守備にあたっていた小笠原兵団長兼第百九師団長、栗林忠道陸軍中将は、三月十六日、大本営に対し、「戦局最後ノ関頭ニ直面セリ　敵来

攻以来　麾下将兵ノ敢闘ハ真ニ鬼神ヲ哭シムルモノアリ……………今ヤ弾丸尽キ水涸レ…………茲ニ最後ノ関頭ニ立チ　…………只管皇国ノ必勝ト安泰トヲ祈念シツツ　永ヘニ御別レ申シ上グ」との訣別電報を送り、一ヶ月にわたった凄惨な硫黄島攻防戦は、事実上ここに終わった。太平洋戦争中、アメリカ軍の損害が日本軍のそれを上回った希有の例といわれている硫黄島日米攻防戦の、アメリカ軍の損害は戦死者七千名に戦傷者二万一千名の計二万八千名、これに対して日本軍の損害は、戦死者二万名を数えた。

Ⅴ　昭和二十年三月——満洲国における「新作戦計画大綱」の実施をめぐって

日本本土にあってはルメイ新戦法によるB29戦略爆撃団の、東京、名古屋、大阪・神戸などの大都市への無差別反覆焼夷弾絨毯爆撃が行われつつあり、他方、硫黄島攻略戦にあっては大激戦が継続中の三月の初中旬のこと、ここ新京では、関東軍首脳部より、満洲国政府首脳部への、一つの重要な打診・申し入れが行われた。それは、前年九月の梅津美治郎参謀総長より下達された、従来の対ソ攻勢から対ソ守勢への百八十度の転換をとげる「対ソ作戦計画要領」に基づき、関東軍総司令部参謀部において実施方策立案作業の結果、一月中旬に策定された「新作戦計画大綱」に関連する、関東軍だけでは実施不可能な各種の施設整備緊急措置の実施についてのものであった。

即ち、関東軍は、対ソ防諜のため相変わらず「新大綱」の意図と内容とを厳に秘匿したまま、同大綱の核心、満洲国の最後の防衛拠点として鮮満国境の山岳地帯通化地区を兵站基地化するため、具体的には同地区内における最小限度の兵器、燃料、食糧の自給、そのための工場の移設、各種物資の集積、更には、鞍山より小型溶鉱炉一基を移転させての鉄鋼生産などの緊急措置を求めつつ、これに関連して、「通化省行政の重要性にかんがみ、特に大物の省次長を置き省政の機能を強化する」ことを強く求めたのだった。なお、満洲国の各省にあっては、鮮系住民が多数を占める間島省を例外として、省長は満系、次長は日系、とするのが通例であった。

満洲国政府としても、このような関東軍からの強い要請を受けて、早急な部内検討の結果、満洲事変前後に長らく関東軍参謀長を務めて満洲国建国の父の一人でもある三宅光治満洲帝国協和会中央本部長や、満洲国の黒幕として名高い甘粕正彦満洲映画協会理事長らからも練達の行政官として信任の厚かった、間島省長の菅原達郎を、三月中旬、通化省次長に発令した。前満洲帝国協和会総務部長の菅原達郎は、当時の満洲国政府内にあって仕事のできる「大物」であったがゆえに、任命後一年もたたない間島省長から、通化省次長にまわされ、「新大綱」の難題中の難題であった通化地区の兵站基地化という火中の栗を拾わされることになったのだった。

第二十章　終末時計は刻々と時を刻む
――ベルリン陥落と満鉄調査部事件判決の同時進行

Ⅰ　昭和二十年四月――第二次世界大戦の東と西で

三月の硫黄島攻略、大都市無差別焼夷弾絨毯爆撃ののち、アメリカ軍は、息つくひまもなく、四月一日、海兵隊二個師団、陸軍二個師団、計約六万の兵力をもって、日本軍の守備の手薄な、沖縄本島中西部、嘉手納・読谷近辺での、沖縄本島上陸作戦を開始した。同日十五時の、「沖縄本島周邊ノ敵ハ…………本四月一日朝來　其ノ主力ヲ以テ本島南部地区ニ上陸ヲ開始セリ」という大本営発表は、これから二ヶ月半に亘って、非戦闘員である沖縄県民をも全面的に巻き込んで繰り広げられることになる、沖縄本島日米攻防戦の死闘の前触れだった。

そしてこの四月の満洲国に係る大事としては、四月五日、ソ連政府による日本政府への、翌昭和二十一年四月二十五日をもって有効期限切れとなる日ソ中立條約の不延長通告があった。その同日、直接的には蔣介石政権との和平交渉を巡っての閣内不統一のため、小磯国昭内閣が総辞職した。

七日、小磯国昭内閣にかわって、鈴木貫太郎内閣が成立した。この日、沖縄嘉手納沖泊地突入のため、片道燃料で出撃した戦艦「大和」以下九隻の海上特攻隊が、九州南端の坊ノ岬沖合四百キロほどの東シナ海で、アメリカ海軍機動部隊艦載機の魚雷攻撃によって壊滅した。ここに、艦隊行動は完全に終止符を打ち、帝国海軍の栄光に最後の幕が下りた。

四月中旬以降は、沖縄本島での陸上戦闘とともに、菊水作戦による沖縄近辺海上の、海軍特攻機、陸軍特攻機による敵艦船への特攻攻撃が、繰り返し敢行された。

また、対日専用焼夷弾の再補給を受けたマリアナ在のＢ29対日戦略爆撃団が、再び大都市市街地に対しての焼夷弾爆撃を再開しだしたのも、この頃のことだった。あわせてアメリカ軍による沖縄攻略作戦に関連して、日本の残存航空戦力の破壊のため、関東以西の各地の航空基地や飛行機関連施設に対して、Ｂ29による徹底的な昼間爆撃が行われた。

このような危機的事態のなかで、日本政府の関係者が、すでに海上交通路も閉ざされて、「陸の孤島」と化してしまった満洲のことなど、いちいち構い付ける余裕などある筈もなかった。

ソ連首相スターリンは、四月一日、ソ連第一白ロシア方面軍司令官ジューコフ元帥と、第一ウクライナ方面軍司令官コーネフ元帥に、ベルリン総攻撃作戦を発令。第二次世界大戦のヨーロッパにおける最後の決戦は、かくして四月十六日早朝、第一白ロシア方面軍のオーデル川、第一ウクライナ方面軍のナイセ川の渡河作戦により開始された。目指すベルリンまでは、残すところあと五十キロだった。

以後、ベルリン総攻撃戦は、攻撃側ソ連軍二百万、防衛側ドイツ軍百万の大兵力同士で戦われたが、もはやドイツ軍敗勢の戦況は覆ることなく、二十五日に至ってベルリンはソ連軍戦車軍団の完全包囲下となり、戦いは、ベルリン市街戦へと移っていった。かくしていまや万策尽き果てたヒットラー総統は、二十九日、総統官邸地下壕で長年愛人関係にあったエバ・ブラウンと結婚し、翌三十日、彼女とともに同所で自殺した。

五月二日、ドイツ軍ベルリン守備隊は、ソ連軍に無条件降伏した。

なお、各地に残存していたドイツ国防軍の首脳部は、五月七日、五月八日発効ということで、フランスのランスで連合国側の無条件降伏文書に署名し、また、ソ連側に対しては、五月九日、ベルリンにて、無条件降伏文書に署名した。

この五月八日は、三ヶ月後の八月八日に、ソ連が、ヤルタ対日秘密協定を援用し、まだ有効期間中であった日ソ中立条約を破棄して対日宣戦布告を行い、八月九日午前零時を期して、満洲への一斉侵攻を開始するに至る、満洲国にとっての運命の日付となった。

Ⅱ　満鉄調査部事件判決——治安維持法第五條第一項「宣傳罪」該当

西の彼方ドイツにあっては、激烈な市街戦によるベルリン陥落の直前の、昭和二十年五月一日。ここ満洲にあっては、総合法衙内の新京高等法院治安庭で、満鉄調査部事件の最終公判が開かれた。審判長審判官は飯守重任、関与検察官は吉岡述直。そして、被告は、起訴順に、鈴木小兵衛、米山雄治、横川次郎、下條英男、石田精一、稲葉四郎、狭間源三、野々村一雄、具島兼三郎、吉原次郎、平野蕃、石川正義、石堂清倫、石田七郎、三輪武、和田耕作、渡辺雄二、吉植悟、野間清、松岡瑞雄の二十名であった（三輪武以下六名の起訴日は不明）。昭和十九年の早春には五名もの獄死者が出たが、幸い、以後、獄死者は出ていなかった。

吉岡述直検察官の最終論告、各被告の最終陳述の後、飯守重任審判長より、判決が下された。全員、治安維持法第五條第一項「宣傳罪」該当として、同條同項に定める法定刑（死刑又ハ無期若ハ三年以上ノ徒刑）の下限である徒刑三年の判決だった。また、全員、満洲国刑法第六十四條第一項の規定により、徒刑三年以下の場合に「情状ニ因リ」行われることがある「一年以上五年以下」の期間の執行猶予がついた。執行猶予期間の長短は、飯守重任審判長の被告各自の「罪状」の軽重の判断によったものとみられ、渡辺雄二、松岡瑞雄、吉植悟、石田七郎らが四、五年、あとは二、三年であった（詳細は不明）。判決後、飯守重任審判長より、いまや被告から無職の普通人に戻った各人に対して、所感と今後の注意が述べられ、ここに満鉄調査部事件は終了した。

思えば、盟邦日本が、太平洋戦争の緒戦の勝利に沸き返っていた昭和十七年の春のこと。前昭和十六年十二月三十日、静岡県熱海で、興農合作社事件関連の被疑者として、東京憲兵隊によって検挙された鈴木小兵衛協和会調査部参事。その彼が、新京での関東憲兵隊による尋問・取調べにあって、「四十三歳にして眞に日本人として甦生の第一歩を踏み出すと共に、思想轉向の實を示すべく、自己の身命を堵して思想戰に對する協力方を熱願し、その第一着手として今尚不逞思想より覺醒せざる嘗ての満鐵調査部同志に對し、大東亜戰下一刻も速かに眞の日本人として甦生せしめんことを決意し、過去に於ける私情の信義を潔く抛つて、マルクス主義者が暗黙の鐵則として固く戒めある同志の裏切を敢てし、彼等の思想傾向並に左翼活動に就き自己の知り得る一切を供述するに至つた」ことに端を発した満鉄調査部事件。

それが、幾多の変転を経て、三年後、第二次世界大戦下、東方では沖縄戦必敗、西方ではベルリン陥落寸前の軍事情勢下、「日満一体化」による「日本の國體＝滿洲の國體」であるところの「滿洲國の國體」に関して、治安維持法第五條第一項により、「國體ヲ變革スル目的ヲ以テ其ノ目的タル事項ヲ宣傳シタ」として、執行猶予付ではあるものの、被告二十名全員、有罪判決となったのだった。

Ⅲ　現代版「焚書坑儒」を生み出した治安維持法の「宣傳罪」

満鉄調査部事件に先行する興農合作社事件にあって、昭和十八年四月十五日、佐藤大四郎以下興農合作社関係者六名に対して適用された治安維持法第五條第一項「宣傳罪」。それが、満鉄調査部事件にあっては、起訴者二十名全員に対して適用されたのだった。加えて、興農合作社事件にあっては「宣傳罪」による既決囚六名のうち三名が獄死。他方、満鉄調査部事件にあっては「宣傳罪」による有罪二十名のほか、未決囚五名が獄死した。これが、現代版「焚書坑儒」を生み出すこととなった、治安維持法第五條第一項に定める「宣傳罪」の適用結果であった。

だがしかし、興農合作社事件関係者中の六名と、満鉄調査部事件の被告二十名全員とが、「變革スル目的ヲ以テ其ノ目的タル事項ヲ宣傳シタ」として罪責を問われた滿洲の國體そのものは、興農合作社・満鉄調査部事件の終了の三ヶ月余後に、變革どころか、それこそあっという間に、消滅してしまったのだった。

Ⅳ　満洲根こそぎ動員の開始

五月に開始されたいわゆる満洲根こそぎ動員は、まさに、「関東軍の、関東軍による、関東軍のための」ものであった。これまでも随所で述べてきたように、昭和十八年に始まった関東軍の、戦車、工兵、砲兵、防空部隊や歴戦の精鋭部隊等の抽出南方転用は、止まるところをしらず、昭和二十年に至って、関東軍は、往時の半数程度の、しかも装備不十分な兵力となりはてていたのだった。かくして、関東軍的立場からすれば、「関東軍新作戦計画大綱」の計画的実施や、昭和二十年四月五日の日ソ中立條約の不延長通告などに対応して、なんとかして極度に弱体化した関東軍兵備を、急速に補強する必要が生じてきたのだった。

この関東軍兵備補強のめどとしては、既存の十二個師団と一混成旅団に加うるに、十二個師団と八混成旅団、兵員数三十数万程度と概算された。そして、このうち四個師団を、支那方面からの転用でまかなって、残る八個師団と七混成旅団、兵員数二十五万程度の新設を計画することとなった。これを更に具体的には、当時の満洲一般在留邦人百六十数万のうち、十八歳以上四十歳未満の成年男子を四十数万と見込み、行政、治安維持、交通通信、戦時産業等のために、絶対的に必要な人員十五万人を除き、二十五万人を召集することとなった。

だが、満洲根こそぎ動員を、動員される側から見れば、その一人一人は、内地の生活を清算して満洲にやってきた、学校の先生、商店主や店員、中小工場の主や職工、満鉄や興農合作社の職員、新聞雑誌記者などなど、社会の中堅クラスで、家庭持ちが多かった。こういった二十五万人が二、三ヶ月の間に、手当たり次第に召集され、満洲全土で、あるじのいない母子家族が作り出されていったのだった。一方で、ろくな武器も持たされず、訓練も受けないままに、侵攻してきたソ連軍との交戦を余儀なくされ後に武装解除されてシベリア送りになった一家のあるじと、他方で、幼子も多かったその母子家族との長きにわたる別離の始まりだった。この時の別離が、永遠のものとなった事例も数知れなかった。

また、満洲根こそぎ動員による悲劇の最たるものは、満洲の奥地に入植していた満蒙開拓団の場合であった。当時、満蒙開拓団関係者は、二十七万人ほどといわれていたが、このうち五万人が根こそぎ動員された。この結果、入植地には老人、女性、子供らばかり二十二万人が残されて殆ど無防備な状態となり、これが、ソ連参戦後の開拓民の僻地入植地からの逃避行が困難を極める一因となった。実際、彼等にふりかかった惨禍たるや、入植地に残された人たちの方が、根こそぎ動員された後に捕虜としてシベリア送りとなった人たちよりも致死率が高かったのではないか、とさえいわれているほどであった。

終　章　満洲国の崩壊と王道楽土幻想の終焉

昭和二十年八月九日の夜明け前、午前三時頃のこと、新京に時ならぬ空襲警報音が鳴り響いた。新京では、これまでも空襲警報が出されたことはあったが、それは、B29が単機で偵察飛行のため超高度を飛来した時などだけで、それも警戒警報があった後のことだった。今回の草木も眠る丑三つ時の、全く突然の空襲警報は、なにか不吉な異常を感じさせるものだった。なかには、城内といわれていた旧市街地の方角で爆弾破裂音や閃光を見聞きした人もいた。

その朝、職場や学校などでの社会活動が始まって、多くの人々はそこで初めて、夜明け前の空襲が、アメリカ軍機などではなくソ連軍機によるもので、いまや自分たちが、容易ならざる事態――強力ソ連戦車軍団の満洲国一斉侵攻開始――に置かれていることを知ったのだった。新京だと、ソ連戦車隊は、十日ほどで着いてしまうだろうと、不吉な訳知り予言をする人もいた。もう、職場での仕事や学校での授業どころではなかった。どうやってこの状況から逃れるか、考えることはそれだけだった。

翌日の八月十日午前、武部六蔵満洲国政府総務長官は、関東軍総司令部に呼ばれ、青天の霹靂とも

旧満洲国政府の中枢、旧国務院の偉容：筆者撮影

いうべき緊急通告・指示を受けた。それは、「関東軍総司令部は、新京から通化省の省公署所在地通化市に移転することとなった。これにともない、皇帝および満洲国政府は通化省大栗子に移転せよ。政府の新京出発はおおむね本日午後六時として準備せよ。大栗子は鴨緑江にのぞむ山間の街で、官庁を収容する建物もなく住宅も少ないから、政府各部局は必要最小限度の人員をもって構成するよう配慮し、その人員の家族は同道することを許さない」というものだった。この時点で、在京の関東軍将校の家族たちには、同様の、近所へは内密裏の、新京からの脱出逃避指示が出され、新京駅などへの集結が行われつつあった。

関東軍総司令部から戻った武部六蔵総務長官は、急遽、国務院に各部次長を招集して種々討議したが、結局、政府の参議や各部の満系大臣を除く日系の次長以下の実質行政担当者たちの大栗子ないしは通化市への移転は全く現実的でないとして反対が多く、この結果、関東軍指示との折衷案として、皇帝溥儀、帝后婉容、参議、各部大臣らの皇帝溥儀一行の新京から大栗子への遷在所にあたっては、満洲国政府実務代表として、去る七月十日に司法部次長から文教部次長に転任していた前野茂を、若干の文教部の随員とともに、別列車にて皇帝溥儀一行に随行せしめることとした。

八月十一日、十二日と、新京市内の混乱はいや増すばかりとなり、貨車や無蓋車を使ってまでの新京脱出南方行避難列車も、立て続けだった。関東軍の将校連の家族らが、早々に特別列車で南方に避難していったとの風説がしきりだった。

八月十三日午前一時半、皇帝溥儀のお召し列車は、武部六蔵総務長官、秦彦三郎関東軍総参謀長らの見送りを受け、新京の東方在の東新京駅を出発、新京駅を通過して、四平街、燎原、梅河口、通化経由で鮮満国境の鉱山村、大栗子に向かい、同日、同地に到着した。

他方、前野茂文教部次長一行の列車は、お召し列車より一時間遅く東新京駅を出発、お召し列車とは逆の、吉林方面へ向かい、吉林から南下して梅河口経由でようやく通化に到着したのが、十四日午前十一時であった。

八月十五日正午、大日本帝国天皇の玉音放送があり、満洲の各地でも、なんとかこれを聴くことができた。冒頭部分の「朕ハ帝國政府ヲシテ米英支蘇四國ニ對シ其ノ共同宣言ヲ受諾スル旨通告セシメタリ」と、終わりの方の「朕ハ茲ニ國體ヲ護持シ得テ」とあるのが最要点だった。

皇帝溥儀一行が新京みやこ落ちした旧東新京駅（現長春東駅の貨物場）：筆者撮影

八月十七日午前十時半、武部総務長官が新京より通化に飛来、省公署（省庁）に赴き、張景恵国務総理以下、参議府議長、副議長、参議、各部大臣ら満洲国の重臣連の参集を求めた。なお、新京からの皇帝溥儀の一行だったこれら重臣たちは、十三日に、皇帝溥儀とともに大栗子に到着したものの、同所に宿泊施設がなく、溥儀と宮内府の極少数者を除いて車中泊となり、翌十四日、溥儀と宮内府の極少数者を除き、列車で通化市に戻って同市に滞在中であった。

会議終了後の午後二時、武部総務長官は、会議出席の重臣連とともに、前野茂文教部次長を帯同して、通化発特別列車にて大栗子に向かい、同所にて、正式の重臣会議により満洲国存立問題に関して最終決着を諮ることとなった。特別列車は、午後八時半過ぎに大栗子に到着。重臣ら一行は、会議開催のため、久しく空き家だった日本人職員アパートに向かった。

会議は、同アパート二階の、天井から暗い電灯一灯がぶら下がる、八畳の日本間で、武部総務長官の司会で始まった。列席者は、張景恵国務総理以下、参議府議長、副議長、参議、各部大臣ら、前沢忠成参議府秘書局長、それに、各部次長を代表しての前野茂文教部次長、そして、皇帝御用掛関東軍参謀吉岡安直陸軍中将などであった。

会議の席上、武部総務長官より、ソ連軍の満洲一斉侵攻下、一昨日の連合国に対する大日本帝国の無條件降伏などのため、万やむを得ざることとしての皇帝溥儀の退位と満洲国の解消の発議があり、張景恵国務総理以下一同、これに賛意が示された。その後、皇帝退位詔書の文案検討、満洲国解消後の満洲の治安維持問題、皇帝退位後の溥儀の身の振り方などが議題とされ、会議が終わったのは、すでに十八日午前零時を回っていた。

八月十八日になったばかりのその後、張景恵国務総理、参議府正副議長、武部総務長官、宮内府大臣らが、皇帝溥儀の退位と満洲国の解消につき、皇帝溥儀の承認を求めるため、その仮宮廷へ参上した。そして、皇帝溥儀の承認のもと、満洲国は、昭和七年三月一日のその建国以来十三年半の短い生涯を終え、それとともに「滿洲の國體」も消滅した。

八月十九日の払暁、今や廃帝となった溥儀は、日本への亡命のため、特別列車で大栗子を出発。朝方、通化駅に到着してそのまま車で通化飛行場へと向かった。随行は、三種の神器を奉ずる橋本虎之助参議府副議長兼祭祀府総裁、皇帝御用掛関東軍参謀吉岡安直中将、その他溥儀のお付き世話係が数

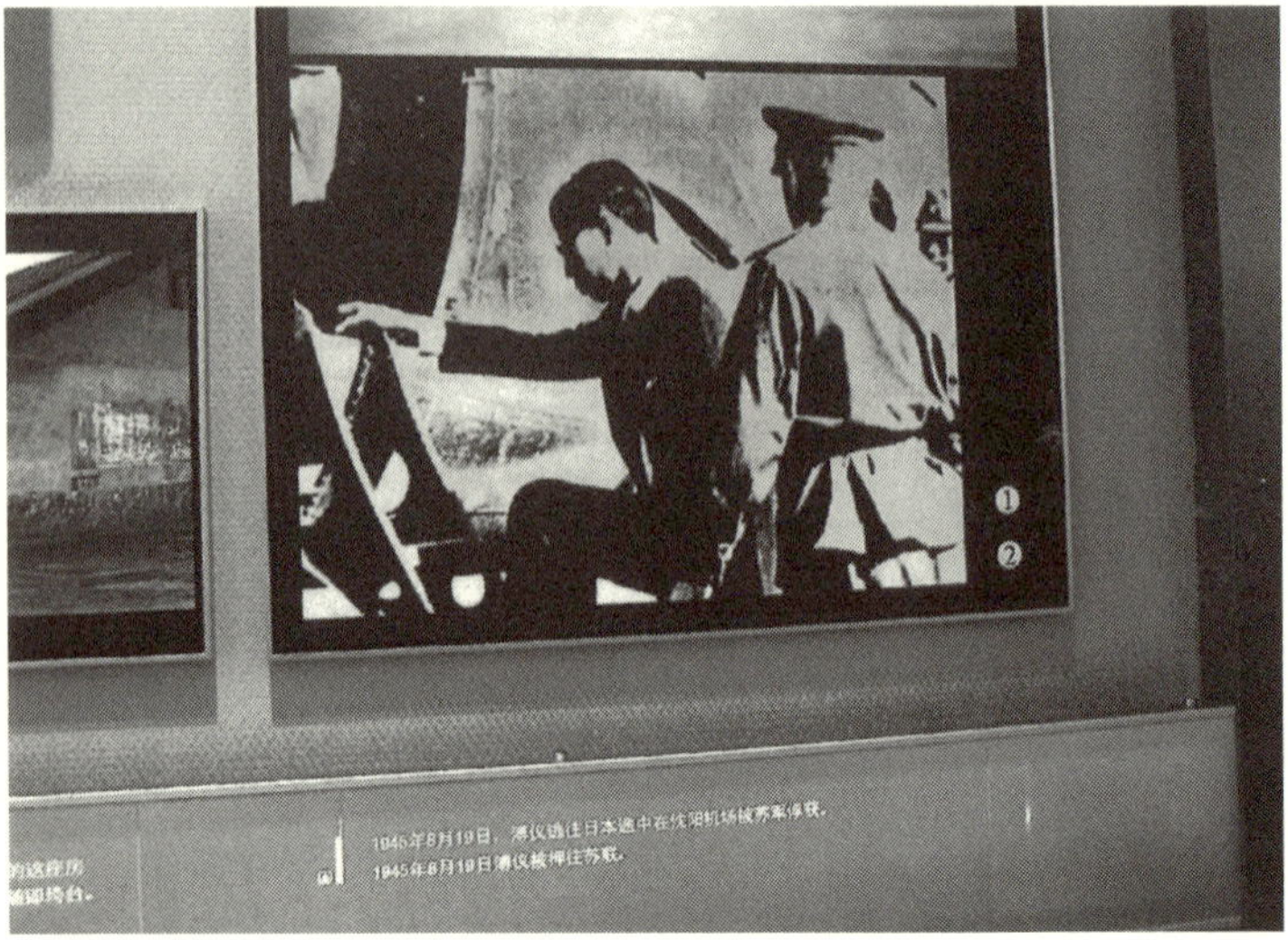

ソ連軍、旧奉天飛行場にて廃帝溥儀を捕捉しシベリアへ連行
皇宮博物館内の展示より筆者撮影。

名で、満系の重臣連は、誰もいなかった。

夏の暑い日差しの通化飛行場にあっては、満洲航空所属の双発一機、単発二機が待ち受けていた。そして、溥儀が機乗する双発機の脇には、古くからの溥儀の付き人であった揚元通化省長、菅原達郎通化省次長、川瀬某通化省警務庁長、そして前沢忠成参議府秘書局長の四名が整列していた。すでに廃帝の身の溥儀とはいえ、それはあまりにも淋しい、見送り・見送られ風景であった。

双発機には、廃帝溥儀、三種の神器を携えた橋本虎之助祭祀府総裁、皇帝御用掛吉岡安直陸軍中将などが機乗し、単発二機にはお付き世話係らが分乗した。

かくして、新京にあって満洲帝国協和会総務部長として、興農合作社・満鉄調査部事件の推移をも直接見続けてきた菅原達郎通化省次長は、このたびはここ通化の地で、昨日まで「變革不可」の筈だった、元「満洲の國體」が、奉天方面を目指して西北の空に消え去って行くのを空しく見送ったのだった。

日本へ亡命する筈であった廃帝溥儀一行は、奉天飛行場に着陸した際、その三十分前に同飛行場に先着していたソ連軍に直ちに捕捉されて、シベリア送りとなった。

他方、去る八月十三日午前一時半に皇帝溥儀がその地を後にした首都新京にあっては、その同じ十九日のこと、進駐してきたソ連軍先遣隊によって接収された満洲帝国協和会中央本部の建物に、五色の満洲国々旗にかわって、鎌と槌と星の赤旗が翻り、王道楽土幻想は、永遠にその終わりを告げた。それはまた、満洲大陸に在住する軍官民あわせて二百数十万の日本人にとって、これから始まり、いつ果てるか分からぬ、あらゆる苦難の予告でもあった。

あとがき

図らずして自身の齢傘寿《よわい》をこした昨今、改めてわれとわが来し方を顧みるとき、世間でよく言われている「三つ子の魂百までも」は、どうやら私には当てはまっていないようだ。

三歳児の頃の私は、といえば、当時もっぱらわが家の生計の担い手であった母に手を引かれて、旭川駅前にあった芝居小屋兼用の映画館に出勤するのが常だった。その館主は母と同じ新潟の出身で、そのよしみで映画館前の路傍に母に露店を構えさせてくれていたのだったが、子無しのゆえにか私のことを格別に可愛がってくれており、それをいいことに私は、旭川駅前につくやいなや、日がな一日、「木戸ご免」で映画館に入り浸り、チャンバラ映画に見入り、意味も分らず浪花節や講談に聴き入る日常だった。それらは、私の根源的な記憶に懐かしく存しているとはいうものの、以後の私自身の形成に寄与して、そして私の自我を助長・規制するところのものとなっているとは、なかなかにして考えられないからである。

これに対して自覚的には、本書の序章でも触れたように、私がその小学生時代、大連に一年、旧満洲国の首都新京（現 長春）に四年、計五年を過ごした旧満洲大陸生活での体・経験こそは、感受性・情緒の面でも、また発想・判断の面でも、その後の私の基本を形づくっているように思えるのだ。

先ずはこの前段の感受性・情緒面であるが、これは端的には、一方で地理的変化に富む日本の小学唱歌の「今は山中 今は浜 今は鉄橋 渡るぞと 思う間も無く トンネルの 闇を通って 広野原」と、他方満洲の小学校での副読本に載っていた、いかにも大陸的な「西は夕焼け 赤い雲 東は丸い お月さまこうりゃん刈って 広いなあ どっちを見ても 広いなあ」とを対比すれば、容易にお分かり頂けることと思われる。更には、四季の来去が日本より一月は早い大陸性気候のもとでの、時として零下三十度にもなる乾いた極寒や、春先に時として吹き荒れ、昼でも十メートル先も見えなくなる黄塵万丈の蒙古風などの苛烈な自然。そして、日常、絶えず非日本的な文化・社会に取り巻かれている生活環境。幼少時代を、このような自然・社会条件のもとで育ってしまうと、戦後に引き揚げてきてその中で生きていくことになった、箱庭的で湿潤温和な気象条件下、異質を嫌って均一的な、排他的で同調圧力の強い、狭い枠組みの日本社会は、いつまで経っても何となく違和感を覚えて居心地が悪かったりするのであった。

また、これは私の特殊事情なのかも知れないのだが、小学校五年時の夏の、突如としてのソ連軍の満洲侵攻開始。あまりにも惨めな関東軍の総敗退と終戦。ソ連軍占領下でのソ連軍の強盗、強奪、強姦、連行など何でもありの蛮行。現地人による暴動、襲撃や略奪。満洲の奥地からの乞食同然の邦人避難民の群れまた群れ。長春争奪を巡っての、国民党軍と共産軍との二度に亘る激しい市街戦。とどめとしては、致死率八割といわれた悪疫コレラの蔓延などなど。このような諸般を、伝聞や記録読みとしてではなく、自分の目と耳で認識してしまうと、そのような直接的な見聞の記憶が、その後の私をしっかりとりこにしてきているのは、ある意味で当然といえよう。

加えて、それ以前の戦時中に、私は、神州不滅、聖戦完遂、必勝の信念、撃ちてし止まん、一機よく一艦を屠る、などなどの勇壮ではあるが空疎な言霊《ことだま》に取り囲まれつつ、多くの軍歌をそらんじ軍事知識も一応豊富な、いっぱしの軍国少年であった。その私が、今や名前がそれまでの新京から長春に変わったその長春の街角の路上で、生計の足しにと、手や腕に入れ墨をしたり靴下の替わりに三角巾で足を覆って靴をはいたソ連兵たちを相手としての靴磨きやタバコ売りに精を出しながら、信ずるに足る既往の全てを失って、次第に歴史的事象を含めた現実の認識に関して「冷《さ》めた目」を持つようになっていったのは、無理からぬことだったように思う。


本書は、序章でも述べているように、私の前作『松岡二十世とその時代──北海道、満洲、そしてシベリア』に続く第二作、いわば姉妹編、補完篇である。第一作にあって私は、自分の父親という「人物」を通じて時代を描き出そうとしたのに対して、本書は、わがふるさと満洲で起こった「事件」を通じて時代を描き出そうとしたものである。この結果、前者にあっては、大正デモクラシー最末期から太平洋戦争敗戦に至る昭和現代史を、他方、本書にあっては、満洲国の歴史の後半期に焦点をあてた、副題にある通りの、満洲帝国凋落崩壊史を物語ることとなった。

私にとって「新京物語」でもある本書を書き終え、わがふるさと満洲に対する自分自身のノスタルジーにそれなりに応えることができた今、満洲国の歴史問題に関して、とかく世間で等閑視されがちな観点を、改めて二、三、書き記しておきたいと思う。

その一つは、傀儡か否かといった論議はともかくさておき、現在の東北中国あたりに、皇帝を頂点として四千万人の人口と百二十万平方キロの国土を擁する大国、満洲国が、十三年半に亘って存在していたという事実の認識である。そして、この満洲国の歴史は、のちに述べる「國體」の問題にも象徴されるように、紛れもなく日本国の歴史と不可分のもの、というよりは、日本の昭和史の重要な一部、日中戦争と太平洋戦争の歴史の一部であったと認識されずばなるまい。

いま一つは、あれだけの悲惨な結末をもたらした満洲国の崩壊の直接の原因となった、昭和二十年八月九日の戦車部隊を先頭とする百七十万余のソ連軍の満洲一斉侵攻開始に関して、である。

ソ連邦大元帥スターリンは、昭和二十年五月八日のドイツの無条件降伏後、それまでドイツ戦線に投入されて疲労困憊しきった百万余のソ連大軍団を、その名の通り鋼鉄の意志をもって再編成しつつ、複線のシベリア鉄道を二線とも信号機を含めて東方向けとするなどして、遮二無二、反転、ドイツ東方一万キロのソ満国境に輸送・配備し続けたのだった。そして、昭和二十年二月に米英ソ三国間で締結されたヤルタ対日秘密協定に依拠したとして、五月八日のドイツ降伏後丁度三ヶ月した昭和二十年八月九日午前零時を期して、当時まだ有効裡に存していた日ソ中立條約を破棄して、満洲一斉侵攻を開始し、以後満洲国は、旬日を経ずして、文字通り壊滅的に崩壊し去ったのであった。

理非曲直、毀誉褒貶を別として、現在の東アジアの政治的軍事的状況は、紛れもなく日本国の歴史の一部である満洲国の歴史にあってての、このような満洲国の崩壊の結果として作り上げられたものである。そして、歴史に「ＩＦ」はあり得ないことは重々承知の上で、それでもなおかつ、もしドイツの降伏があと一月遅かったならば、あるいは日本の降伏があと一月早かったならば、私自身を含めた当時の在満の二百数十万の邦人のその後の命運はもとよりとして、現在の東アジアの政治的軍事的状況がどんなものになっていたであろうかと、時として考えさせられてしまうのだ。

三点目は、本書を読まれた読者諸氏があるいはやや奇異に感じておられたかも知れない、常用漢字の新字体「国体」にかえて、わざわざ旧字体「國體」を用いていることについてであるが、これは、私としては、昭和現代史における「國體」問題の重要性に鑑み、「國體」に関して、読者諸氏の注意を喚起し、改めての関心を持って頂くためのものであった。

私は、前作『松岡二十世とその時代』の「前編第三章　北海道三・一五と旭川共産党事件」において、大正十四年四月二十二日公布、五月十二日施行、戦後の昭和二十年十月十五日に至ってようやく廃止されたわが国の治安維持法と、その中心概念としての「國體」に関して、百余頁を費やして詳述しているのだが、これは、わが国の昭和史にあって、いかにも日本的な、そもそもその定義すら曖昧な「國體」なる概念を国家権力が恣意的に援用することによって、自分の父親を含めてどれだけの社会的惨害がもたらされてきたかを、実証的に明らかにしたい意図の下に、であった。

その「國體」が、海を渡った王道楽土満洲国においても、太平洋戦争開始直後に制定された（満洲国）治安維持法に導入されて、興農合作社・満鉄調査部事件の断罪に適用された次第については、本書で縷々述べてきた通りである。

更に付言すれば、満洲国にあっては、国の一斉崩壊とともにその「國體」も雲散霧消してしまったのであるが、わが日本国にあっては、あまりにも有名な「終戦の詔勅」において、「朕ハ茲ニ國體ヲ護持シ得テ」とわざわざ述べられていて、この文言から敷延される限り、日本国においては、ひっそりとではあるにせよ未だ存在し続けているようにも解されるのだ。その「國體」が、いずれかの機会に蘇りをみせ、往時のような猛威をふるうことはもう有り得ないと、誰が断言しうるだろうか。

本書を執筆中に、何とはなしにいつも私の脳裏に浮かんできていたのは、学生時代にドイツ語の勉強がてらに読んで感銘を受けたマルクスの『ルイ・ボナパルトのブリュメール十八日』の冒頭部分に出てきてくる次の一節、即ち、「ヘーゲルはどこかで、すべての世界史的な大事件と大人物は二度現れるということを言っている。ただしヘーゲルは、それに加えて次のように言うのを忘れている——一度目は大悲劇として、二度目は茶番劇として」、である。これは、確かに肯綮にあたるところのものであるとともに、歴史上、二度目として現れた茶番劇が、一度目に現れた大悲劇に学ぶところがなかったがゆえに起こったという意味において、歴史を学ぶのではなく、歴史に学ぶことの重要性を示唆している如く思えるのだ。勿論ここで歴史に学ぶということは、自分の思想・信条、更にいえば先入観や思い込みによる過去の事象のつまみ食い、としてではなく、客観的に、総体的に、そして原因・結果についての起承転結的に、ということであるが。

そして、最後となったが、私と同世代はさておくとして、次世代、次々世代の本書の読者の方々が、日本昭和現代史の不可欠な一部であるところの、そのことを直接体験した私自身もその構成員であった満洲帝国の凋落と崩壊という一大悲劇史に、意義ある何ごとかを学んで頂けたとするならば、それは、もとより、著者の望外の喜びとするところである。

本書は、前作の出版後一年ほどを経て、前作の出版を以てしては必ずしも充足され得なかった私自身の自我の実現のために書き出したものである。ここで一々その名を記すことはしないが、前作と同様今作にあっても、友人・知人の各位に多くの示唆・助言・激励をいただいたことに、まずは感謝したい。また、そういった自我実現の書である本書の出版を快諾された同時代社の高井隆社長と、仲介の労をとられた日本経済評論社の栗原哲也社長に、改めて謝意を表することとしたい。

そして「あとがき」の終わりに、あえて私事に亘ることをお許し戴けるならば、本書は、長らく病にあった亡妻の最後の一年余の看病の傍らで書き進めてきたもので、その意味で彼女との共同生活の、思い出深き最後の結実でもある。私としては、先般、本書が出版される運びとなったことまでは知りつつも、残念ながらその完成した姿を見ることなくこの世を去った亡妻の墓前に、先ずは本書を供えて、改めてその冥福を祈りたいと思っている。

（二〇一六年四月）

著者略歴
松岡　將（まつおか・すすむ）
昭和10(1935)年2月7日、北海道樺戸郡月形村字知来乙(母の実家)生まれ。当時父は、全国農民組合北海道聯合会執行委員長で、北海道上川郡剣淵村在住。生後2ヶ月ほどして父母に伴われて剣淵村へ。1年ほどして、旭川にうつり、4歳まで旭川にて過ごす。のち、東京、仙台、三条（新潟）をへて、昭和16（1941）年6月、渡満（関東州大連へ）。小学生時代を大連で1年、新京（現 長春）で4年過ごし、終戦1年後の昭和21（1946）年9月、満洲（新京）から葫蘆島をへて父の郷里仙台に引揚げ。仙台にて東北学院中・高校を経て、昭和33（1958）年3月、東京大学経済学部を卒業し、同年四月、農林省入省。
省内各局を経験して、昭和47/51（1972/76）年の4年間、外務省に出向し、在ワシントン日本国大使館勤務。
昭和51（1976）年7月に帰国後、食糧庁、農蚕園芸局、構造改善局、経済局、大臣官房等を経て農水省国際部長、東海農政局長を歴任して昭和61（1986）年退官。
その後、ジェトロ、国際農業交流基金、FAO協会、IFPRI（国際食料政策研究所）等、内外の国際農業関係団体・機関に役員として勤務。
国際農業問題関係の多数の訳・著のほか、一般向け著書として『住んでみたアメリカ』（1981年：サイマル出版会）、『ドライビング・アメリカ』（1992年：ジェトロ出版部）など。また、最近では『松岡二十世とその時代』を刊行（2013年：日本経済評論社）。

王道楽土・満洲国の「罪と罰」
—帝国の凋落と崩壊のさなかに—

2016年5月30日　　初版第1刷発行

著　者	松岡　將
装　幀	クリエイティブ・コンセプト
組　版	有限会社閏月社
発行者	高井　隆
発行所	株式会社同時代社 〒101-0065　東京都千代田区西神田2-7-6 電話　03(3261)3149　FAX　03(3261)3237
印　刷	中央精版印刷株式会社

ISBN978-4-88683-800-1